Un cappuccino, per favore

Kurzgeschichten in einfacher italienscher Sprache über die Kultur und Menschen aus Italien

Francesco Settembrini

Inhaber: Julius Robert Wolff
Hindenburgstraße 17, 31832 Springe
Kontakt: info@schinken-verlag.de

Abbildungen: Maidy Parra

ISBN: 978-3-96891-026-0

Per fortuna c'è l'Italia

Inhalt

Vorwort des Herausgebers

Schön, dass Sie sich genauso für die italienische Kultur und die italienische Sprache begeistern können wie ich. Ich muss jedoch zugeben, dass die Entdeckung meiner Liebe zu Italien etwas länger dauerte. Wie es dazu kam und wie ich damit einhergehend den Autor dieses Buches kennenlernte, möchte ich Ihnen vorab gerne kurz erzählen.

Vor einigen Jahren reiste ich mit meiner Frau und meiner Schwiegermutter nach Rom. Obwohl man als Mann in einer solchen Reisekonstellation öfter mal den Kürzeren zieht, verbrachten wir dort einige sehr schöne Tage zusammen. Auch Rom fand ich ziemlich beeindruckend. Nur leider blieb nach der Reise von der italienischen Kultur nicht viel in meinem Gedächtnis hängen. Vielleicht ist die Stadt einfach zu touristisch und hat nicht allzu viel mit dem Italien zu tun, wie ich es mir vorgestellt hatte. In Rom habe ich in unserem Urlaub nur selten Italiener auf der Straße getroffen und die, die man sah, hatten meist irgendetwas mit Geschäften rund um den Tourismus zu tun. Ich hörte mehr Englisch als Italienisch. Die Straßen waren voller Menschen aus aller Welt auf der Suche nach den Tourismus-Hotspots, um von dort das perfekte Selfie in die sozialen Medien zu schicken. Meine Frau und ihre Mutter stiegen direkt mit ein und zwangen mich auf jedem Foto zu einem Lächeln. Es wurde immer mühsamer, denn es gibt eine Menge zum Knipsen. Schließlich gleicht die Stadt einem Freiluftmuseum: Das Kolosseum, die Bauten der alten Römer, der Vatikan... Man weiß gar nicht, wo man hinschauen soll, so viel gibt es zu entdecken.

Doch viel mehr als die Sehenswürdigkeiten interessiert mich die Stadt abseits des Tourismus: Die Kultur, die Menschen, die Sprache und das Essen. Ich möchte mit den Einheimischen auf eine authentische Art und Weise in Kontakt treten, ohne ständig etwas zum Kaufen angeboten zu bekommen. Ich möchte an Orten einen Kaffee trinken, wo es keine Touristen gibt und die Stadtbewohner einen Kaffee trinken. Ich möchte den Alltag der Menschen miterleben. Das sind für mich die prägendsten Reiseerlebnisse. Auch ein WG-Zimmer bei jemandem vor Ort zu mieten, ist für mich eine besondere Erfahrung. Am Hotelbuffet mit anderen Pauschaltouristen zu stehen und anschließend die Sehenswürdigkeiten abzulaufen, reicht mir einfach nicht, um ein Land zu erleben. So ähnlich erging es mir bei unserem Rom-Urlaub, und ich bekam keinen Anreiz tiefer in die italienische Kultur einzutauchen. Doch dann bekam ich zwei Jahre später die Möglichkeit über meine ehemalige Arbeitsstelle, der Universität Hannover nach Ischia zu einer Forschungskonferenz zu reisen. Ich verbrachte einige Tage auf der italienischen Insel und hängte noch einige private Urlaubstage an die Dienstreise, um Neapel kennenzulernen.

Neapel! Das war Italien pur, so wie man es aus dem Fernsehen und aus Büchern kennt. Die sympathischen Klischees der Italiener erfüllten sich hier alle. Ich liebte das Treiben auf der Straße, das Chaos, die Motorroller, die kleinen Cafés, emotional gestikulierende Menschen und natürlich die Pizza-Restaurants. In Neapel lernte ich, wie eine Pizza schmecken kann, die mit sehr wenigen Zutaten auskommt. Ich hätte den Kellner nach meiner ersten Pizza umarmen können - so lecker war das. Nach der Reise, zurück in Deutschland wurde die Pizza aus Neapel meine Referenz, mein Maßstab, um den Geschmack einer „deutschen Pizza“ zu beurteilen. Selten kommt eine an die neapolitanische Pizza heran. Ich war begeistert von Italien und den Italienern, und ich beschloss nun Italienisch zu lernen, damit ich den nächsten Aufenthalt noch intensiver erleben kann. Die Sprache hilft natürlich sehr, um mit den Landsleuten in Kontakt zu treten. Ich habe festgestellt, dass selbst einige Brocken einer Landessprache reichen, um einen Zugang zum Herzen des Gegenübers zu finden.

Und da sitze ich nun in meinem Volkshochschulkurs in Hamburg und verstehe kein Wort. Ich habe mich völlig übermütig für einen B1-Kurs angemeldet, schließlich spreche ich ja weitgehend fließend Spanisch. Außerdem möchte ich vorankommen. Die romanischen Sprachen sind doch alle ähnlich, dachte ich. Ja, ich verstehe auch einige Brocken, aber es reicht längst nicht, um mitzureden. Wenn ich im Kurs etwas erzählen soll, dann suche ich immer wieder Hilfe im Spanischen. Die Lehrerin scheint etwas genervt von mir zu sein. „Yo soy Robert de Lüneburg y creo que ya hablo un poquito de Italiano.” „Wir sind hier nicht im Spanisch-Kurs. Vielleicht solltest du erstmal mit einem A1-Kurs beginnen!“

Ja sie hat recht. Meine völlig überzogene Selbsteinschätzung kommt hier nicht sonderlich gut an und mit meinen Spanischkenntnissen stifte ich nur Verwirrung im Kurs. Ich sage nun gar nichts mehr und höre nur noch den anderen Kursteilnehmern zu. Wenn man selbst eine Sprache gar nicht spricht, hört sich selbst ein Anfänger sehr fortgeschritten an. Ein Rentnerpärchen, Ulla und Rudi sitzen rechts von mir, und sie erzählen von ihrem Camping-Urlaub in Italien am Gardasee. Die beiden verstehe ich schon ein wenig besser, da sie sehr langsam sprechen und immer wieder deutsche Worte einstreuen. Ihren ersten Italien-Urlaub erlebten sie noch ohne Italienisch-Kenntnisse, wodurch sehr witzige Missverständnisse mit den Italienern entstanden sind. Auch der starke deutsche Akzent des Seniorenpaars erinnert mich an meinen. Die Denkweise und Satzkonstruktionen eines Sprachenlernenden aus Deutschland sind auch in mir verankert, so dass ich die Art Italienisch zu sprechen, sehr gut nachempfinden kann. Für mich ist das „Deutalienisch" sehr gut verständlich, für einen Muttersprachler klingt es vermutlich grauenvoll. Einen Muttersprachler zu verstehen, ist wohl die Königsdisziplin beim Sprachelernen.

Ich beschließe italienische Texte zu lesen, um im Kurs mithalten zu können. Am besten wären kurze einfache Geschichten. Meine Recherche im Internet in einschlägigen Italienisch-Foren lässt mich eher zufällig auf den recht unbekannten italienischen Autor und Sprachlehrer Francesco Settembrini stoßen. Ich lese eine Geschichte von ihm. Sie ist gut verständlich und mit sehr viel Liebe verfasst. Sie ist kurz, was mir ein schnelles Erfolgserlebnis gibt, da ich nicht ein komplettes Buch mit seinen ganzen komplexen Verstrickungen verstehen muss. So sehr ich auch suche, ich finde nicht mehr von diesem Autor. Wer ist dieser Mann? Ich entdecke eine E-Mailadresse und suche den Kontakt zu ihm, um zu fragen, ob es noch mehr solche Geschichten von ihm gibt.

Und tatsächlich hat Francesco noch weitere Geschichten in seinem Repertoire. Ich bin begeistert und mache mich an die Arbeit. Es motiviert mich sehr, wenn ich den groben Inhalt verstehe und mit mehr Übung dann sogar auch die Details. Natürlich muss ich Worte nachschlagen, aber ich verstehe die Texte immer besser. Francesco und ich telefonieren nun öfter mal über das Internet. Ich erzähle ihm von meinem Volkshochschulkurs und ein bisschen aus meiner Heimatstadt Hannover, in der ich leider mittlerweile nicht mehr wohne. Das inspiriert ihn zu weiteren Geschichten. Vor allem mein Bericht über Ulla und Rudi aus meinem Volkshochschulkurs belustigt ihn sehr.

Wir beschlossen die Kurzgeschichten zu veröffentlichen und mit weiteren Italienisch-Lernenden aus Deutschland zu teilen. Dieser Schritt schien mir als Buchverleger und für Francesco als Autor logisch. Wir hoffen, dass Sie als Leser auch so viel Freude daran haben und mit den Geschichten Italienisch lernen. Sie werden in den Erzählungen die Liebe zu Italien, zu der italienischen Küche und zu den herzlichen Menschen in Italien spüren, aber auch den Deutschitalienern und den deutschen Touristen in Italien werden einige Zeilen gewidmet.

Viel Freude beim Lesen, und schreiben Sie uns doch mal, wie Ihnen das Buch gefallen hat.

Robert Wolff

Nota dell'autore

Un giorno ricevo una e-mail dalla Germania. L'uomo si presenta come Robert e mi racconta qualcosa di sé. Dirige una piccola casa editrice in Lüneburg e ha cercato informazioni su di me dopo aver scoperto e letto uno dei miei racconti. Sta studiando l'italiano ed è felice di sapere che scrivere è il mio lavoro, così mi chiede se ho altre storie per lui. Trova che leggere libri in italiano migliori la sua conoscenza della lingua più velocemente rispetto ai tradizionali manuali di studio.

La sua scrittura è amichevole, Robert sembra un tipo decisamente simpatico! Continuiamo a scriverci anche successivamente. Parliamo spesso della Germania e dell'Italia e scherziamo sui cliché dei tedeschi e degli italiani.

Scopro che Robert non è un turista qualunque, non scatta migliaia di foto mentre legge gli ultimi messaggi sul telefono. In Italia non troverete Robert in mezzo a un gruppo di turisti sulla scia di una ragazza dall'ombrellino colorato. Lo troverete ospite di una famiglia locale, piuttosto, nel tentativo di migliorare il suo italiano e scoprire come vivono realmente gli italiani lontano dai luoghi turistici. Per arrivare all'anima dei luoghi, è necessario conoscere la lingua locale. Al tempo della nostra prima telefonata, Robert parlava perfettamente lo spagnolo e già non se la cavava affatto male con l'italiano e con il portoghese.

Dopo qualche tempo il mio nuovo amico mi parla del progetto editoriale a cui sta lavorando. Una collana di opere per i tedeschi che vogliono imparare l'italiano e scoprire l'Italia più autentica, quella meno turistica. Libri dal linguaggio non eccessivamente elaborato, scritti in italiano da autori italiani: un modo originale per rendere lo studio della complessa lingua italiana più leggero e divertente.

Mi propone di far parte dell'avventura e di mettere a disposizione i miei racconti ispirati alle tradizioni e alle contraddizioni del popolo italiano, alla cultura e alla bellezza del *Bel Paese*. Nelle mie storie non troverete l'indirizzo dei migliori ristoranti, per quello ci sono le guide turistiche. In compenso, scoprirete qualche simpatico segreto su di noi e sulle nostre famiglie, soprattutto sulle madri italiane!

Dalle conversazioni con Robert sono nati anche alcuni nuovi racconti che hanno per protagonisti proprio i tedeschi. Sono il nostro omaggio al loro amore per l'Italia e siamo certi che renderanno questo libro un po' più familiare.

Ho accettato con entusiasmo di salire a bordo e oggi sono felice di essere qui con voi tra queste pagine. Vi aspetto in Italia.

Francesco Settembrini

Un cappuccino, per favore

Ulla e Rudi
in vacanza sul Lago di Garda

È meglio contentarsi che lamentarsi.
Proverbio italiano

Ulla e Rudi sono una coppia tedesca. Sono sposati da venticinque anni e vivono a Norimberga, nel nord della Baviera. Ogni anno vanno in vacanza in Italia con il loro camper. Naturalmente sono campeggiatori molto esperti, dei veri e propri professionisti del campeggio scientifico! Il loro camper è sempre così immacolato da sembrare appena comprato, la tenda è super accessoriata e hanno perfino una parabola satellitare.

Ogni anno, una settimana prima di partire, preparano la lista delle cose da fare e da mettere nei bagagli, perché nulla deve essere dimenticato! Se scoprissero di aver dimenticato qualcosa, la loro vacanza sarebbe irrimediabilmente guastata! I due coniugi detestano non avere con sé tutto ciò di cui potrebbero aver bisogno.

Rudi porta sempre il tradizionale Bratwurst e naturalmente la birra tedesca. Non gli piace la birra italiana. E le salsicce italiane gli fanno venire il mal di stomaco.

La meta scelta per quest'anno è il Lago di Garda, una bella zona nel nord dell'Italia molto amata dai tedeschi. Finalmente ora sono liberi di partire quando vogliono, perché i figli sono cresciuti e possono anche rimanere a casa.

Come sempre, Rudi guida il camper e Ulla controlla la direzione sulla mappa. La cosa peggiore del viaggio è il pedaggio autostradale in Austria. Non stanno mica andando in vacanza in Austria! Vogliono solo attraversare il paese per arrivare in Italia. Dover pagare per così poco li secca molto. Rudi è sempre di cattivo umore alla guida quando attraversa l'Austria.

Sulla strada amano fare una pausa e fermarsi a una stazione di servizio autostradale. Ulla ha preparato i panini con la salsiccia preferita di Rudi. Mentre gustano quei deliziosi panini tedeschi, Rudi osserva le macchine che corrono sull'autostrada, commentando il modo di guidare degli austriaci e calcolando mentalmente la velocità media delle automobili.

Dopo sette ore arrivano finalmente al campeggio sul Lago di Garda. Chiaramente Ulla e Rudi hanno prenotato sei mesi prima, in modo da non correre rischi ed essere sicuri di avere un posto riservato.

Il lago di Garda si trova subito al di là delle Alpi, è facile da raggiungere. Infatti dal nord i turisti giungono numerosi, dalla primavera fino all'autunno. Il lago luccica di blu e tutto il paesaggio, con le montagne circostanti, è davvero paradisiaco. E poi è meravigliosamente caldo!

Ci sono molti campeggi nella zona, alcuni hanno anche una spiaggia privata a due passi dall'acqua. Quello scelto da Ulla e Rudi è perfetto per le esigenze dei tedeschi. Inoltre il personale parla la loro lingua.

Arrivati alla reception si presentano.

«Guten Tag! Wir sind Familie Heinrich aus Nürnberg. Wir haben reserviert!» dice Rudi con fare cordiale ma determinato.

«Buonasera! Benvenuti in Italia! Ich schaue nach in der Reservierungsliste» risponde l'addetto. Nel frattempo squilla il telefono.

«Scusate un momento. Einen Moment bitte.»

Durante la telefonata l'addetto alla reception ride di gusto, ma Rudi e Ulla non ne capiscono la ragione. Sarà perché parla in italiano? Entrambi ascoltano attentamente, ma le uniche parole che riescono a distinguere sono "non si preoccupi", perché l'uomo le ripete in continuazione.

Dopo dieci minuti di attesa Rudi diventa inquieto.

In tutto quel tempo avrebbe già sistemato la tenda. Questo ritardo non rientra affatto nei suoi piani!

Finalmente l'addetto riaggancia il telefono e si rivolge cortesemente di nuovo a loro.

«Was wünschen Sie bitte? Ah sì, Entschuldigung, scusatemi!»

Poi ride di nuovo, questa volta in modo garbato. «Leider finde ich Sie nicht in meiner Liste. Aber es ist kein Problem!»

Rudi adesso è davvero seccato. «Wozu ruf ich denn ein halbes Jahr vorher an? Wir sind sieben Stunden Auto gefahren. Kann ich mal den Chef sprechen?»

«Tranquillo!» replica l'uomo. «Ich bin der Chef. Ich gebe Ihnen einen wunderschönen Platz für ihren Campingwagen. Nessun problema!»

Ulla e Rudi rimangono infastiditi per l'intera serata, ma il giorno dopo si rendono conto che quel posto è davvero bello e il disappunto scompare. Non vedono l'ora che inizi la vacanza!

Anche i loro vicini sono tedeschi e hanno una piazzola ben delimitata, esattamente come piace ai tedeschi. E questo fa sparire la più grande preoccupazione della coppia: la notte potranno dormire indisturbati! In fondo tutti i tedeschi sanno che dalle dieci di sera ci devono essere pace e tranquillità.

La sera Rudi, mentre beve la sua birra tedesca, chiede a Ulla: «Italien ist schön oder?»

«Ja» risponde Ulla. «Aber morgen gehen wir mal richtig italienisch essen.»

«Wir haben doch genügend italienische Restaurants in Nürnberg, aber gut vielleicht hast du recht.»

«Wir sollten ein italienisches Restaurant außerhalb

der Touristengegend besuchen» suggerisce Ulla.

Detto, fatto. Il giorno dopo raggiungono un piccolo paese vicino per mangiare la pizza. Il ristorante è stato consigliato loro dall'addetto della reception. Rudi è un po' preoccupato perché probabilmente lì nessuno parlerà tedesco, tuttavia decide di accontentare Ulla.

Entrati nel ristorante, Ulla cerca di farsi capire con l'aiuto della sua guida di viaggio, che contiene alcune tipiche frasi italiane. Naturalmente le ha già studiate a casa, insieme alle parole italiani più comuni.

«Un tavolo per due, per favore!» dice al cameriere.

«Sì, per me e per lei, bella signora. Lui può sedersi al bar» risponde il cameriere, indicando Rudi.

Rudi non ha capito una parola e sembra perplesso. Ulla è così felice del complimento che arrossisce. Gli italiani sono davvero galanti. Ulla mostra al cameriere la fede nuziale e Rudi, spazientito, si chiede perché non siano già seduti al tavolo.

Il cameriere fa l'occhiolino a Ulla. «Che peccato che lei sia sposata, bella signora. Un vero peccato!» e indica un tavolo vuoto per la coppia.

Entrambi ordinano la pizza. Dopo un po' di attesa, sfortunatamente Rudi si vede portare la pizza sbagliata.

«Sag dem Kellner, dass ich die falsche Pizza bekommen habe. Diese werde ich nicht essen!» dice Rudi a Ulla.

Ulla chiama il cameriere e gli spiega il problema.

«Oh, mi scusi!» dice il cameriere. «Mi dispiace molto. Porterò subito la pizza che ha ordinato.»

Dopo un altro po' di tempo, arriva la nuova pizza. Rudi guarda prima la pizza, poi Ulla.

«Es ist schon wieder die falsche. Ich wollte eine Pizza mit Schinken und nicht mit Salami haben». Ormai è molto infastidito. «Sag es ihm noch einmal.»

«Warum probierst du nicht einfach mal?» dice Ulla.

Rudi alza gli occhi al cielo. In Germania avrebbe già lasciato il ristorante. Prende una fetta di pizza e la mette in bocca. Ha un sapore delizioso! È la pizza più buona che abbia mai mangiato. La rabbia scompare e subito il suo umore migliora.

Pochi minuti dopo il cameriere ritorna al loro tavolo.

«Vi piace la pizza?»

Entrambi annuiscono con entusiasmo.

«Voglio offrirle un altro bicchiere di vino» dice il cameriere a Rudi. «Sia per farmi perdonare l'errore, sia perché sua moglie è bellissima. È la migliore pubblicità per il nostro ristorante.»

Ulla traduce a Rudi le parole del cameriere e tutt'e tre ridono in allegria. Alla fine lasciano il ristorante con il sorriso.

Sulla via del ritorno verso il campeggio, decidono che è arrivato il momento di vivere la loro vacanza in modo più rilassato, in perfetto stile italiano!

Domande

Quanto tempo prima della partenza, Ulla e Rudi preparano la lista delle cose da fare?

Perché Rudi è sempre così infastidito in Austria?

Con quanto anticipo Rudi aveva già prenotato il campeggio?

In che modo il cameriere addolcisce Ulla?

Qual è la pizza che piace a Rudi?

Le ricette della signora Anna

Pane, formaggio e pere: pasto da cavaliere.
Proverbio italiano

È sabato pomeriggio a Napoli e la signora Anna non ha ancora fatto la spesa! È tardissimo!

«Oh no! Devo correre a fare la spesa altrimenti stasera non ci sarà niente da mangiare!»

«Non ti preoccupare» dice il signor Luigi, il marito. «Ordiniamo la *pizza* a casa.»

«Niente affatto! Ho sempre cucinato io.»

Per la signora Anna, come per molti italiani, cucinare è ancora un grande piacere. E poi in Italia la cucina è una tradizione. A Napoli, per esempio, cucinare è un vero e proprio rito familiare. Qui, grazie al terreno vulcanico ricco di minerali, il cibo è buonissimo! Così, la signora Anna esce di casa e va al mercato del pesce. Napoli è una città di mare, ogni giorno al mercato si trova il pesce appena pescato.

«Buonasera, sono venuta a fare la spesa.»

«Buonasera a lei, signora Anna. Cosa le serve?» risponde il commesso.

«Stasera voglio cucinare una bella cena di pesce per tutta la famiglia.»

«Mia cara signora, è tardi, sono già le cinque. Guardi che bel pollo già pronto ho qui.»

«Grazie ma a casa nostra è tradizione cucinare» risponde la signora Anna.

«Che famiglia fortunata!»

«Prendo i calamari, li farò fritti. E poi anche le vongole e gli spaghetti. I miei bambini saranno felicissimi!»

La signora Anna poi prende anche il prezzemolo, il sale, l'olio di oliva e una bella pagnotta profumata ancora calda.

«Un momento!» aggiunge. «Non abbiamo il dolce!»

Il commesso la guarda stupito. «Non vorrà cucinare anche il dolce? Qui abbiamo una splendida torta alle fragole, l'abbiamo fatta noi, vedrà quanto è buona. E in più risparmierà un sacco di tempo.»

«Nemmeno per sogno!» esclama la signora Anna. «Posso preparare un fantastico *tiramisù* in poco tempo. Ci metterò le uova fresche e tanto cacao. Al posto del caffè ci metterò il succo d'arancia, perché il caffè non è adatto ai bambini. I miei piccoli vanno matti per il tiramisù, lo mangerebbero tutti i giorni!»

«Cara signora Anna, quanto mi piacerebbe vivere a casa vostra! Mia moglie non è italiana e non ama cucinare. A casa nostra mangiamo sempre cose già pronte e molti surgelati. Per fortuna ogni tanto mia madre ci porta qualcosa di buono fatto da lei. Viva la mamma!»

«Anche i miei figli dicono la stessa cosa!» aggiunge la signora Anna con grande orgoglio. «Adesso però corro a casa a preparare il pesce e il tiramisù. Arrivederci!»

«Arrivederci, mi saluti suo marito!»

Dopo aver pagato, la signora Anna lascia il mercato tutta contenta. Non vede l'ora di iniziare a cucinare. Come saranno felici a casa, davanti a una cena come quella! Tommaso, il figlio più grande, sicuramente manderà con il cellulare le foto del tiramisù ai suoi amici, per farli morire d'invidia! E Alice chiederà come sempre il bis degli spaghetti alle vongole! Per la signora Anna è importante che i suoi figli conoscano il piacere di una buona cucina casalinga. Le sue amiche dicono di non avere abbastanza tempo per cucinare come facevano le nonne, invece per lei le tradizioni hanno un grande significato. Ecco perché cucina tutti i giorni per il marito e per i bambini. E la domenica fa la pizza! È stata proprio la nonna a insegnarle tutte quelle deliziose ricette. Era una cuoca bravissima!

Tornata a casa, la signora Anna va subito in cucina.

«Bambini, stasera ci sono i calamari e gli *spaghetti alle vongole*!»

«Urrà!» gridano in coro Alice e Tommaso.

«E poi ci sarà anche una bella sorpresa!»

«Sei la mamma migliore del mondo!»

Per prima cosa la signora Anna prepara la crema per il tiramisù con le uova fresche. Poi spreme due arance e con il succo bagna i biscotti. Per finire, aggiunge il cacao e mette il dolce in frigorifero. Ha un aspetto meraviglioso!

Nel frattempo i bambini stanno giocando nella loro cameretta e il signor Luigi sta aggiustando la porta che si è rotta. La signora Anna è molto felice, non vorrebbe essere in nessun altro posto al mondo. Ama la sua famiglia ed è per loro che ha fatto tanti sacrifici.

Adesso bisogna preparare i calamari. La nonna le ha insegnato che i calamari devono essere freschissimi e anche le vongole. Il pesce congelato non è la stessa cosa. Certo, fa risparmiare tempo, ma il sapore è molto diverso!

Si è fatta quasi ora di mettersi a tavola. È il momento di cucinare gli spaghetti. Quando era piccola la nonna le spiegava come cuocere la pasta. «Ogni italiano dovrebbe saper cuocere la pasta perfettamente» diceva.

Il segreto stava nel capire quando era il momento di spegnere il fuoco. «Se lo spegni troppo presto, la pasta rimane dura, invece se lo spegni troppo tardi, la pasta diventa come la fanno gli americani, tutta molle. Vedrai che presto imparerai.»

Grazie alla nonna, infatti, la signora Anna era diventata molto brava a cuocere la pasta. Spegneva il fuoco proprio al momento giusto.

«Tutti a tavola, è pronto!»

I bambini lasciano i loro giocattoli, si lavano le mani e corrono a sedersi a tavola. Anche il signor Luigi non vede l'ora di assaggiare quei magnifici spaghetti.

«Buon appetito!» dice la signora Anna.

«Buon appetito!» rispondono tutti.

La signora Anna osserva la sua famiglia seduta al tavolo. Tommaso è diventato grande, ha già dodici anni e somiglia molto al papà. Ha una grande passione per la chitarra. E per il tiramisù. Alice ha solo sette anni e i capelli raccolti in una lunga treccia. Dice sempre che se al mondo non ci fossero gli spaghetti alle vongole, lei andrebbe a vivere su Marte.

«E adesso è il momento della sorpresa!»

La signora Anna prende dal frigorifero il tiramisù e un grande grido di gioia riempie la casa: «Evviva la mamma!»

Domande

Perché a Napoli i prodotti della terra sono molto saporiti?

Il tradizionale tiramisù è un dolce adatto ai bambini?

È vero che gli italiani vanno matti per i prodotti surgelati?

Qual è il segreto per cuocere perfettamente la pasta?

Il misterioso latin lover

Gli italiani hanno solo due cose per la testa:
l'altra sono gli spaghetti.
Catherine Deneuve

23 luglio

Caro diario,

finalmente sono arrivata in Sicilia! Da quanto tempo aspettavo questo momento! Non ne potevo più di tutta quell'umidità e del cielo sempre grigio. I miei amici dicono che ci hanno fatto l'abitudine e che non ci fanno nemmeno più caso, ma io quando guardo le fotografie dei paesi italiani penso che sarebbe molto più bello vivere dove c'è sempre il sole. Così quest'anno ho deciso che avrei fatto una vacanza da sola in questa terra meravigliosa! Volevo scoprirla senza fretta, senza che nessuno mi dicesse di correre di qua o di là! E poi quale migliore occasione per mettere alla prova il mio italiano?

Stamattina quando sono scesa dall'aereo e sono uscita dall'aeroporto di Palermo sono rimasta sbalordita! Appena esci fuori c'è questo blu tutto intorno, il mare è blu, il cielo è blu, tutto è blu! Che meraviglia! Mi sono sentita così viva!

«Buongiorno signorina!» mi ha detto un tassista dalla pelle scura come una delle nostre birre al doppio malto. «Taxi?»

«Sì, grazie! Devo andare all'Hotel Miramare.»

Durante il tragitto verso il centro di Palermo non riuscivo a smettere di guardarmi attorno. La luce qui è così chiara! È come se ogni cosa fosse molto più colorata del solito. Gli alberi sono più verdi, le nuvole più bianche, forse anche i semafori sono più rossi!

Adesso vado un po' a riposare, perché il viaggio è stato lungo. Domattina andrò a fare la mia prima passeggiata siciliana!

24 luglio

Caro diario,

che giornata magnifica è stata oggi! Ho visto così tante cose nuove e sorprendenti che non basterebbero tutte le tue pagine per raccontarle! Per prima cosa vorrei che tu potessi assaggiare i meravigliosi piatti che cucinano qui. Non pensavo che al mondo esistessero simili bontà! La *cassata*, per esempio. È una torta di pan di Spagna farcita con una crema di ricotta di pecora e zucchero e poi decorata con la frutta candita. Non solo è deliziosa, è anche molto elegante!

Stamattina a colazione la signora dell'albergo mi ha servito un bicchiere pieno di latte, dicendomi: «Assaggi questo». In realtà non era affatto latte, era *latte di mandorla*, una bevanda tipica della Sicilia. La signora dice che lo prepara mettendo le mandorle siciliane in infusione per un giorno intero. È squisito!

A pranzo, invece, ho mangiato il tradizionale *arancino*. È una specie di palla di riso fritta che qui tutti amano. All'interno ci sono la besciamella e il prosciutto. Li fanno anche in tanti altri gusti diversi, per esempio con la carne e il pomodoro.

Poi ci sono i *gelati*, le *granite*, i *cannoli alla ricotta* e tante altre prelibatezze a cui non saprei proprio resistere. Mi chiedo come sia possibile che qui non siano tutti grassi! Ecco, sono finita a parlare sempre di cibo, proprio come gli italiani. Loro amano parlare di cucina!

Devi sapere che nell'aria c'è qualcosa di magico. È difficile da spiegare, è come se qui la vita avesse un sapore più intenso.

Però adesso, caro diario, ti devo rivelare un segreto che dovrà rimanere per sempre tra me e te. I ragazzi qui sono bellissimi! Sono molto diversi dai nostri. Innanzitutto hanno i capelli neri come la notte. La loro pelle, poi, è di un bel marrone esotico che mi fa pensare a isole lontane. E gli occhi, oh, quegli occhi! Sono così scuri e misteriosi che quasi mi spaventano. Molti hanno la barba e qualcuno anche i baffi, ovviamente neri. Io ho un debole per i baffi e anche questo sarà un nostro segreto.

Sarà vero quello che dicono degli uomini del Sud Italia, che sono dei veri latin lover e che nessuno è passionale come loro? Oggi, mentre mangiavo una granita di mandorle con la panna seduta al bar, un ragazzo bello come un dio greco mi ha fatto un grande sorriso e io ho sentito un brivido lungo la schiena!

Ho deciso che domani tornerò a quel bar. Chissà, magari con un po' di fortuna lo rivedrò.

Adesso vado a dormire, buona notte!

25 luglio

Caro diario,

ho trascorso la mattinata al mercato di *Ballarò*. Quanto mi piacerebbe che ci fosse un mercato così nella nostra città, ci andrei ogni mattina. Tutti quei suoni e quei profumi mettono davvero il buonumore. Mi sono fermata alla pescheria e ho mangiato il polipo bollito più buono del mondo. Forse il merito è anche di questi grandi e saporiti limoni che qui crescono ovunque.

Nel pomeriggio sono tornata al bar di ieri, mi sono seduta e ho ordinato una granita al caffè. Ed eccolo lì!

Il misterioso ragazzo dagli occhi neri. Era in compagnia di un amico, stavano chiacchierando indicando una motocicletta. Tutte le ragazze che passavano di lì lo guardavano e gli sorridevano. Lui invece le ignorava. Era fiero e inaccessibile.

Poco dopo guarda dalla mia parte, mi riconosce e mi saluta con la mano. Non ci potevo credere! Dopo aver ignorato tutte quelle belle ragazze, salutava proprio me!

Ebbene, caro diario, proprio in quel momento due signore sedute al tavolino di fianco al mio rispondono al suo saluto. Una delle due aveva un cappellino bianco e l'altra stava bevendo un enorme bicchiere di latte di mandorla.

«Mio figlio non cambierà mai» dice la signora col cappellino bianco.

«Nemmeno il mio» risponde l'altra.

Erano le madri dei due ragazzi!

«Trascorre tutte le sue giornate così, tra motociclette e nuove ragazze» dice la signora col cappellino. «Ieri si è presentato a casa con una ragazza dai capelli rossi di nome Annette.»

«Ma non aveva un debole per le ragazze spagnole?» risponde l'altra madre.

«Fino alla settimana scorsa. Adesso dice che le ragazze svedesi sono le migliori.»

«Ti capisco. Anche mio figlio è così. Io non riesco nemmeno a ricordare i nomi di tutte le ragazze che mi presenta!»

«In fondo anche mio marito era così da giovane. Affascinante e irraggiungibile. Con quei suoi occhi neri poteva avere tutte le donne che voleva. La prima volta che mi salutò non ci potevo quasi credere.»

«Come sono cambiati adesso!»

«Già! Mio marito quando torna dal lavoro si mette sul divano a guardare le partite di calcio alla televisione e si alza solo per mangiare. Vedessi che pancia.»

«Io a volte ho il sospetto che mio marito non abbia sposato me, ma le mie cassate. Dice sempre che senza le mie cassate la vita sarebbe più triste. A me invece una cosa così carina non la dice mai!»

«Ah, se l'avessi saputo quando ero ancora giovane!»

«A chi lo dici! Invece di sposarmi avrei aperto una pasticceria! Con tutte le cassate che ho preparato, oggi sarei ricca!»

«Adesso è ora di andare, devo tornare a casa a cucinare. Mio marito sta per tornare. Arrivederci!»

Caro diario, sai cosa è successo dopo? Il misterioso ragazzo si è avvicinato al mio tavolino con due fette di cassata. Peccato però che non ha trovato nessuno, perché io ero scappata!

Domande

Perché la nostra protagonista è andata in vacanza in Italia da sola?

Di cosa amano parlare gli italiani?

Qual è il segreto che la ragazza rivela al suo diario?

Perché la ragazza torna due volte nello stesso bar?

Qual è la torta siciliana più tipica e famosa?

Sua madre

Sempre, sempre mamma mia, ricca o povera che sia.
Proverbio italiano

«Cara, non ti arrabbiare. In fondo non è così grave.»

«Invece sì, Giorgio, è molto grave. Questa situazione non può continuare così. Devi prendere una decisione: vogliamo andare a vivere insieme, sì o no?»

«Ma certo, amore mio! Non vedo l'ora! Però lo sai mia madre com'è, lei è così contenta di vedermi tutti i giorni. Sarebbe molto triste se all'improvviso sparissi, non pensi?»

«Il compito di una madre è quello di crescere un figlio e poi lasciarlo andare per la sua strada. Tu sei un uomo adulto ormai, ti rendi conto che tua madre ti lava ancora le camicie e i pantaloni?»

«Non è colpa mia se la lavanderia è così costosa! E sono anche molti lenti. Pensa, ci sono voluti ben due giorni per lavare e stirare tre camicie. È troppo!»

«D'accordo, laverò e stirerò io le tue camicie, va bene?»

«Oh, mia madre penserebbe che non mi serve più il suo aiuto. Non voglio deluderla. E poi lei è bravissima a stirare le camicie!»

«Cosa vorresti dire?»

«Guarda, hanno aperto una nuova pasticceria! Ho proprio voglia di un *maritozzo con la panna*.»

«Ma se hai appena mangiato un enorme piatto di *carbonara*!»

«Cosa c'è di strano? Siamo a Roma, tutti vogliono il maritozzo! Mia madre dice che il dolce dopo pranzo mette allegria e aiuta la digestione. E poi la carbonara a Roma è sacra. Non è affatto facile cucinarla come si deve, sai?»

«Lasciami indovinare, tua madre la cucina molto bene, non è vero?»

«Certo, cara! Lei è la regina della carbonara! Il segreto sta nel mettere l'uovo alla fine, insieme alla giusta quantità di *Parmigiano Reggiano*. Ci vuole molta esperienza. Dovresti avere più rispetto per la carbonara.»

«Presto avrò più rispetto per la carbonara che per te. E poi visto che sei così esperto, perché non la cucini tu per me?»

«Oh, io non sono molto bravo, però mia madre sarà molto contenta di farlo, vedrai. Stasera, quando le racconterò di questa bella passeggiata estiva a *Trastevere*, le chiederò di invitarti a pranzo domenica.»

«Non ce n'è bisogno, pranziamo da lei tutte le domeniche!»

«È normale, cara, in Italia la domenica tutti pranzano dalla mamma.»

«Io invece la domenica vorrei andare a vedere le altre città italiane. Firenze, per esempio. Lo sai che negli *Uffizi* ci sono i quadri di Caravaggio e Raffaello? E lo sai che a Torino c'è un grande museo egizio? Dicono che sia uno dei più importanti al mondo.»

«Questo maritozzo è buonissimo. La panna è così dolce!»

«Possibile che non pensi ad altro che a mangiare? Con questo caldo, poi. Sei anche ingrassato!»

«Davvero? Strano, mia madre dice che non mangio abbastanza.»

«Tua madre, tua madre, tua madre! Non so più se sono fidanzata con te o con tua madre!»

«Sei troppo arrabbiata, cara. E poi non capisco perché stiamo litigando.»

«Non stiamo litigando, Giorgio, stiamo parlando.»

«Mia madre non alza mai il tono della voce quando parliamo.»

«Naturalmente! Ti rendi conto che lei ti chiama ancora "tesoro della mamma"? Hai trent'anni!»

«Che ne dici di un *gelato al cioccolato*? Lì c'è una gelateria molto famosa. Pensa, mettono il cioccolato anche dentro il cono.»

«Adesso basta! Domenica parlerò io con tua madre.»

«Tu? E cosa le dirai?»

«Le dirò che la domenica non andremo più a pranzo da lei e che presto andremo a vivere insieme perché vogliamo avere dei bambini. Le dirò anche che ai nostri figli daremo un esempio migliore. È inutile che mi guardi in quel modo, Giorgio, ormai ho deciso.»

*

«Davvero ti ha detto questo?»

«Proprio così, mamma. È davvero arrabbiata e non capisco perché.»

«Non bisogna andare di fretta, tesoro della mamma. Per queste cose ci vuole tempo. Se andrai a vivere con lei, dovrai pagare l'affitto. Invece, stando qui, puoi risparmiare i soldi per quando sarai grande. Lo dico per te, tesoro.»

«Ho paura che non mi farà nemmeno leggere il giornale sul divano la sera.»

«È brava in cucina?»

«Non molto. Fa porzioni troppo piccole. Dice sempre che i grassi e gli zuccheri devono essere bilanciati, ma io non capisco cosa voglia dire.»

«Su questo ha ragione. Vuole dire che devi mangiare sia gli zuccheri che i grassi tutti i giorni, altrimenti diventi debole e ti ammali. È proprio per questo che qui da me un bel dolce non manca mai.»

«Ha detto anche che sono ingrassato.»

«Che sciocchezza! Mangi sempre così poco. Oggi non hai nemmeno preso la terza fetta di torta.»

«A proposito, mamma, sono pronti i *supplì*? Ho una fame!»

«Ma certo, tesoro. Li ho preparati poco fa. Ecco, sono ancora caldi.»

«Sono buonissimi! La cosa più buona dei supplì è la *mozzarella*. Quando sono caldi, la mozzarella si scioglie e fa un lungo filo bianco. Per questo si chiamano *supplì al telefono*. Adesso vado, mamma. Se faccio tardi lei diventa nervosa. Stasera andiamo al cinema.»

«Che film andate a vedere?»

«Non me lo ricordo, l'ha scelto lei. Però vicino al cinema c'è il chiosco delle *grattachecche*. Ne prenderò una al gusto di fragola, limone e cocco.»

«Bravo, la frutta fa bene.»

«Ciao mamma!»

«Ciao tesoro, fai attenzione!»

«A cosa, mamma?»

«A tutto! I pericoli sono ovunque.»

*

«Guarda quanto è bello, Giorgio!»

«È bellissimo! Già mi somiglia. Sai cosa ti dico? Sono felice. Se fossi rimasto a vivere con mia madre, oggi non avremmo il nostro bambino. Fammelo tenere un po' in braccio.»

«È me che devi ringraziare. Se quella domenica non avessi preso in mano io la situazione, oggi saresti ancora a casa di tua madre. Torniamo a casa nostra adesso, sono molto stanca. È tutto pronto?»

«Certo, cara.»

«Hai aggiustato il cancello delle scale? Il piccolo deve stare al sicuro.»

«Sì, cara.»

«Hai dipinto le pareti della cameretta di azzurro? Il colore lo terrà allegro.»

«Naturalmente, cara.»

«Sai, i maschietti sono delicati. Bisogna fare molta attenzione.»

«Molta attenzione.»

«Ridammelo, vedrai che appena sentirà l'abbraccio della mamma si addormenterà subito.»

«Ecco, cara.»

«Piccolo mio! Blb-blb-blb, prrrrrr! Adesso la mamma ti porta a casa. Vedrai che bella cameretta avrai. E presto dirai la tua prima parola: m-a-m-m-a! Ti preparerò tante cose buone da mangiare e ogni sera ti racconterò una favola per farti addormentare. Nessuno al mondo potrà farti del male, ti proteggerò io da tutti i pericoli! Oh, tesoro della mamma! Staremo per sempre insieme!»

Domande

Perché Giorgio non porta le camicie in lavanderia?

Perché Giorgio non si decide a lasciare la casa della madre?

Qual è il segreto per fare una buona carbonara?

Cosa vorrebbe fare la fidanzata di Giorgio la domenica?

Che cosa ha detto la fidanzata di Giorgio a sua madre?

Dalla Sicilia ad Hannover

Sei a casa là dove sei felice.
Proverbio tibetano

Piccola Sicilia è il nome del ristorante di Mario. Si trova nella città di Hannover, nel centro nord della Germania. I tedeschi amano venire a mangiare qui, perché per qualche ora si sentono davvero in Sicilia, anche se sono nel bel mezzo della Germania.

Il ristorante Piccola Sicilia è specializzato nei primi piatti, soprattutto nella pasta siciliana. Appena si entra nel locale, si sente subito il profumo dei piatti italiani e per un attimo si ha la veramente sensazione di essere al sud, tra il sole e il mare.

Le persone che lavorano nel ristorante di Mario sono tutte italiane e qualcuno di loro proviene proprio dalla Sicilia. Da quando sono in Germania si sentono più uniti tra loro, perché sono tutti lontani dalla propria terra. Quando erano in Italia, invece, spesso le differenze tra nord e sud portavano gli uni a diffidare degli altri.

La moglie di Mario, Nina, lo aiuta nel lavoro al ristorante. Tutti gli ospiti la adorano per quel suo sorriso solare e il calore che sa regalare ai clienti. Lo sanno bene i loro due figli, entrambi nati ad Hannover. Giuseppe e Alessandro sono gemelli, hanno vent'anni e anche loro danno una mano ai genitori al ristorante. Soprattutto Giuseppe è diventato un grande appassionato di questo mestiere.

Ad Hannover tutti quelli che conoscono Mario e la sua famiglia li chiamano "gli italiani", mentre quando vanno in Italia i loro connazionali li chiamano "i tedeschi".

Giuseppe e Alessandro hanno frequentato soltanto scuole tedesche, infatti non parlano molto bene l'italiano e lo sanno scrivere appena. Eppure, ogni volta che vanno in Italia si sentono a casa.

Mario e Nina sono di Catania. Mario si è trasferito in Germania negli anni Sessanta per lavorare in una fabbrica di automobili a Wolfsburg. Aveva chiesto e ottenuto il permesso di soggiorno temporaneo come lavoratore. Grazie al boom economico di quel periodo è riuscito a mettere un bel po' di soldi da parte.

Inizialmente aveva in programma di rimanere giusto il tempo di guadagnare abbastanza da poter tornare a vivere in patria, invece alla fine non è più tornato, proprio come tanti altri lavoratori italiani. Oggi in Germania vivono quasi un milione di emigrati italiani ed è una stima solo approssimativa, perché molti di loro sono alla seconda o terza generazione e hanno la cittadinanza tedesca.

Non appena Mario si è reso conto che la sua situazione economica era finalmente favorevole, ha chiesto alla moglie Nina di raggiungerlo in Germania. Con i soldi guadagnati ha potuto aprire un piccolo ristorante ad Hannover. Mario era sicuro che avrebbe funzionato, perché i tedeschi non sanno cucinare la pasta. Quando invitava gli amici a casa e cucinava la pasta alla siciliana, erano tutti così entusiasti che chiedevano sempre il bis!

In quegli anni ha imparato a conoscere e amare i tedeschi. Ancora oggi, al ristorante, è felice di preparare personalmente per loro la *pasta alla norma*, la squisita pasta siciliana con le melanzane, il basilico, l'olio di oliva italiano e i pomodori freschi. Il ristorante Piccola Sicilia è diventato famoso in tutta Hannover proprio grazie a questo piatto. Il formato di pasta che Mario preferisce cucinare sono i *maccheroni*, ma spesso prepara la pasta alla norma anche con i *paccheri*, più grossi e lisci.

Mario ci tiene a far scoprire ai tedeschi tutti i sapori della tavola siciliana, per questo prepara anche molti piatti a base di pesce. Gli ricordano il bel mare blu che circonda la Sicilia. Quando era piccolo gli piaceva stare in acqua così a lungo che la mamma doveva entrare in acqua e trascinarlo via.

Un piatto di mare tipico del suo ristorante è la *pasta con le sarde*, un'altra ricetta tradizionale della cucina siciliana. In Sicilia la pasta con le sarde si mangia da marzo a settembre, cioè il periodo in cui al mercato si trovano le sarde fresche e il finocchietto selvatico. Quest'ultimo si raccoglie nei campi ed è un ingrediente molto fresco e particolare, che dà al piatto un gusto un po' esotico. La ricetta prevede anche l'uva sultanina. Insomma, è un piatto davvero gustoso!

Naturalmente sui tavoli del ristorante, insieme alla pasta, non manca mai un buon bicchiere di vino italiano. Qui i tedeschi si sentono dei veri intenditori. Mario propone loro sia i vini rossi che quelli bianchi, a seconda del piatto ordinato. Infatti i piatti a base di carne si abbinano bene ai vini rossi, mentre il vino bianco è più adatto a quelli a base di pesce. Naturalmente sono tutti vini siciliani, perché per i siciliani il loro vino è il migliore del mondo. In effetti il sole e la temperatura mite tutto l'anno assicurano all'uva una maturazione ottimale e un gusto speciale.

Il ristorante di Mario è stato un grande successo fin dall'inizio. Da anni ormai è sempre pieno. Oltre al delizioso cibo, i tedeschi amano il calore e l'ospitalità di questa bella famiglia siciliana. Per loro andare alla Piccola Sicilia è un po' come andare in vacanza in Italia, anche solo per una serata.

È in questa calda e piacevole atmosfera che sono nati e cresciuti i figli di Mario e Nina. Quando erano ancora piccoli, Giuseppe e Alessandro andavano ogni estate in Sicilia con i genitori. Appena arrivavano a Catania, iniziava il giro dei saluti ai parenti, cosa che di solito richiedeva almeno due giorni. Zii, zie, cugini e parenti dei parenti, tutti li invitavano a prendere il caffè. Queste persone parlavano lo stesso dialetto dei loro genitori e avevano le stesse tradizioni. Ecco perché per Giuseppe e Alessandro andare in Italia è come tornare a casa. Adorano farlo.

Anche se si sforzano di imparare nuove parole italiane, quando sono in Italia i due fratelli parlano tra loro in tedesco. Infatti quando Mario torna in Sicilia con la famiglia, lo zio, scherzando, dice sempre: «Stanno arrivando i tedeschi!»

Quando andavano a scuola, ad Hannover, Giuseppe e Alessandro parlavano tutto il tempo della bellissima Sicilia. Raccontavano ai compagni di classe delle stradine della città, del mare, del sole caldo per quasi tutto l'anno, dei motorini presenti ovunque e dello stile di vita rilassato degli italiani. E naturalmente della migliore pasta del mondo. Giuseppe diceva spesso ai compagni che erano fortunati a vivere proprio ad Hannover, «perché qui potete mangiare la pasta siciliana nel nostro ristorante!»

Oggi Giuseppe ha una fidanzata italiana, anche lei figlia di emigrati italiani e cresciuta ad Hannover. Si chiama Carla ed è nata a Milano, nel Nord Italia. Non è certo un caso che Giuseppe abbia scelto proprio una ragazza italiana. A volte discutono per gioco su quale sia il posto italiano più bello. A Giuseppe non piace tanto il nord, lo trova troppo sofisticato, mentre lei trova il sud troppo caotico.

Giuseppe vorrebbe prendere in consegna il ristorante del padre già nei prossimi anni. Lavorare lì lo fa sentire vivo, è una vera e propria passione per lui. Accoglie gli ospiti e prende le loro ordinazioni, poi corre in cucina per passare l'ordine. Adora interagire con i clienti e parlare della sua amata Italia. A volte, guardandolo lavorare al ristorante, la mamma torna con la memoria ai tempi in cui Mario era ancora giovane.

Anche Alessandro, il fratello di Giuseppe, ha una ragazza ad Hannover, ma lei è tedesca di nascita. Si chiama Sophie ed anche tutta la sua famiglia è tedesca.

Essendo nato ad Hannover, Alessandro si sente molto simile a Sophie, tuttavia non perde l'occasione di vantarsi della sua reputazione di italiano passionale. Infatti Sophie ha occhi solo per lui! I suoi genitori le hanno detto che dovrebbe fare attenzione, perché uno come Alessandro potrebbe avere diverse ragazze contemporaneamente! Gli italiani sono affascinanti e galanti, si sa, è questa è una cosa da cui tutte le donne sono attratte. Naturalmente scherzano, anche se in fondo, come tutti sanno, in ogni scherzo c'è un po' di verità.

In realtà Alessandro ama Sophie più di chiunque altra. Anzi, vorrebbe andare a vivere con lei e rimanere tutta la vita ad Hannover, perché lì si sente davvero a casa.

A differenza del fratello, Alessandro non desidera occuparsi del ristorante. Al contrario, è contento che sia lui a prenderlo in consegna. Preferirebbe iniziare un apprendistato come banchiere, piuttosto. Quello che sogna è un bel lavoro tranquillo, non frenetico come la gestione di un ristorante, specie di un ristorante italiano!

Ciò non toglie che le sue vacanze preferite siano proprio quelle a Catania! Quest'anno, per la prima volta, lo accompagnerà anche Sophie. La ragazza non vede l'ora di conoscere quella città di cui ha tanto sentito parlare. Alessandro è orgoglioso di poterle finalmente mostrare il paese d'origine dei genitori!

Qualche giorno dopo Mario chiama il fratello in Italia.

«Ciao Roberto! Ho trovato un sostituto per il ristorante, finalmente posso prendermi due settimane di vacanza. Veniamo a Catania e questa volta saremo in sei!»

«In sei?» chiede sorpreso lo zio Roberto. «Cosa è successo, Nina è di nuovo incinta?» aggiunge ridendo.

«Magari! Giuseppe e Alessandro adesso sono fidanzati e le ragazze vogliono conoscere Catania e i siciliani. La fidanzata di Giuseppe è italiana, di Milano, invece quella di Alessandro è tedesca.»

«Ah, era prevedibile! Alessandro è il vero tedesco della nostra famiglia!». Poi si rivolge alla moglie, ridendo di nuovo. «Lucia! Prepara i letti, stanno arrivando i tedeschi! Questa volta, però, sono tedeschi sul serio perché c'è anche un'autentica ragazza tedesca!»

Domande

Perché Mario è emigrato dalla Sicilia in Germania?

Com'è riuscito Mario ad aprire un ristorante?

Cosa desiderano fare in futuro i due figli di Mario?

Cosa dicono i genitori di Sophie del suo fidanzato italiano?

Qual è la novità che Mario annuncia allo zio Roberto in vista delle loro vacanze a Catania?

Il campione del mondo

Un gesto vale più di mille parole.
Proverbio italiano

«Signore e signori, benvenuti al *Colosseo* di Roma!» dice la voce alla televisione. «Sta per iniziare il più grande spettacolo dell'anno 3125!»

Tutta l'Italia sta guardando lo stesso canale. I mariti sono tornati a casa presto dal lavoro, le mogli hanno preparato i panini con il prosciutto e i bambini sono seduti per terra davanti al divano con gli occhi incollati alla televisione. La serata che tutti aspettavano è finalmente arrivata, che emozione!

«Oggi il Colosseo tornerà a essere un vero stadio, come lo era tremila anni fa, ai tempi degli Antichi Romani. Oggi assisteremo alla finale del campionato mondiale di gesticolazione! I migliori atleti si sfideranno per conquistare il titolo di campione del mondo! Guardate il trofeo, signori, è tutto d'oro e grazie a una batteria nucleare si agita e non sta mai fermo, proprio come gli sfidanti! Chi lo vincerà?»

In tutte le case italiane le famiglie fanno il tifo per il proprio eroe. Sui balconi sventolano le bandiere nazionali a tre colori: il verde, il bianco e il rosso.

«Ecco che inizia il primo round! La tensione è alle stelle! Stanno per sfidarsi il giocatore italiano e il giocatore cinese. Chi sarà il più forte?»

Per strada non c'è più nemmeno una macchina, le luci degli uffici sono spente, solo le finestre delle case sono illuminate. Le bottiglie di vino vengono aperte. La finale è cominciata!

«I due giocatori sono ora uno di fronte all'altro! L'italiano inizia per primo, spiegando le migliori strategie per giocare a calcio. Attacco, difesa, triangoli, rombi, le sue mani volano nell'aria, non stanno ferme nemmeno per un secondo! È come se parlasse non solo con la bocca, ma con tutto il corpo! Grandi applausi da parte del pubblico.»

«Adesso è il turno del cinese. Sta spiegando come aprire un negozio all'estero e vendere cianfrusaglie che costano poco. Osserviamo, signori! Ciò che dice è chiaro, ma il corpo? La faccia diventa tutta rossa per lo sforzo, ma le braccia restano ferme, è chiaro che non è abituato a usarle. Il cinese si arrende e il giocatore italiano vince il primo round!»

Grida di gioia esplodono in tutta Italia, da Roma a Torino, dal mare alle montagne, dai bambini agli anziani.

«Attenzione signori, l'italiano adesso dovrà affrontare il giocatore tedesco! Il tedesco prende dalla borsa tre birre, una chiara, una rossa e una scura e inizia a spiegare le differenze sul colore, sul sapore, sul profumo e sulla schiuma. Non la smette più, chi avrebbe mai detto che si potevano dire tante cose sulla birra? Muove le mani e la testa, si impegna molto, però i movimenti non sono naturali. Infatti è già tutto sudato e la faccia è tutta rossa. Sarà sufficiente per battere l'italiano?»

Di nuovo scende il silenzio in tutte le città. Tocca all'italiano.

«Incredibile, signori! L'italiano sta raccontando una barzelletta! Anche se non riusciamo a sentire tutto quello che dice, capiamo perfettamente dai suoi gesti che la barzelletta parla di un signore che entra in un *caffè* e muore annegato. Che grande atleta! L'italiano vince anche il secondo round!»

L'emozione nelle case è incontenibile. La gente balla e brinda!

«Siamo arrivati al momento più importante: l'ultimo round. Presto sapremo chi vincerà il campionato mondiale. I due finalisti sono l'italiano e lo spagnolo!»

Qualcuno a casa si mette le mani davanti agli occhi perché l'emozione è troppo forte, qualcun altro manda giù l'ultimo sorso di vino e si mette in ginocchio come per pregare.

«L'italiano ha iniziato! Le mani si aprono e si chiudono dieci volte al secondo, come è possibile? Nessun essere umano può farlo! Le dita sembrano non più dieci ma venti, gli occhi corrono a sinistra e a destra, la faccia cambia forma! L'italiano ha già fatto almeno mille gesti diversi, è così veloce che fa venire il mal di mare! Anche lo spagnolo è molto veloce, mentre parla fa un passo avanti, poi uno indietro, alza e abbassa le braccia, sembra che stia ballando!»

«La sfida finale è davvero avvincente, i due atleti si somigliano, sono molto forti, i più forti del mondo. Parlano a voce altissima senza fatica, fanno più rumore di tutto lo stadio! Forse li sentono anche sulla Luna! Nessuno al mondo fa più rumore degli italiani e degli spagnoli!»

Infine, uno dei due giocatori usa l'arma segreta.

«Attenzione! L'italiano ha iniziato a toccare lo spagnolo! Gli poggia una mano sulla spalla senza smettere di parlare, poi l'altra mano sul braccio, poi gli dà un buffetto sulla guancia e fa una grande risata, gli scompiglia i capelli e alla fine gli stringe le mani! Lo spagnolo è rimasto senza parole per la sorpresa. L'italiano ha vinto! L'italiano è il nuovo campione!»

L'Italia esulta e festeggia. Tutti corrono in strada a gesticolare per la gioia. Da domani sarà tutto diverso, la gesticolazione sarà insegnata nelle scuole e agli esami e ai colloqui di lavoro chi rimane troppo fermo sarà guardato con sospetto. Oggi l'Italia è campione del mondo!

Domande

Quanti sono i giocatori del campionato mondiale?

Perché il cinese ha perso così facilmente?

Cosa fa l'italiano per vincere contro il tedesco?

Qual è l'arma segreta con cui l'italiano riesce a battere lo spagnolo?

Una nonna per amica

Una mela non cade mai troppo lontano dal suo albero.
Proverbio italiano

«Sbrighiamoci mamma, la nonna ci sta aspettando!»

La piccola Erika ha otto anni e vuole molto bene ai suoi nonni italiani, sia alla nonna Amelia che al nonno Attilio ed è felicissima che la sua famiglia abbia deciso di trasferirsi in una bella casa di campagna nei pressi di Siena per stare loro più vicino. Sono diventati anziani e potrebbero aver bisogno di una mano.

La nonna Amelia è un'anziana signora dai capelli bianchi come la luce della luna piena e nonno Attilio è un signore alto alto dalla voce così bella che quando dice qualcosa tutti smettono di parlare per ascoltarlo. Erika trova la campagna italiana molto più divertente della vecchia città in cui vivevano e di tutte quelle macchine rumorose e quei palazzi così alti da non riuscire nemmeno a vedere il cielo.

«Eccomi, tesoro, sono quasi pronta» dice la mamma. «Devo solo prendere i fiori per la nonna. Dove saranno finiti? Non li trovo.»

«Li ho presi io mamma, avanti non perdiamo altro tempo o arriveremo tardi!» risponde la piccola Erika. In mano tiene un bel mazzo di gerbere rosse e camelie bianche. Ci sono anche le mimose. «Le mimose sono i fiori preferiti della nonna. Lei dice sempre che il loro profumo le ricorda la casa in cui viveva quando era piccolina come me. Era una casa vicino alla ferrovia e quando il treno era in arrivo si sentiva il fischio! Io penso che sarebbe proprio bello vivere vicino ai binari del treno!"

«Bene, adesso possiamo andare» dice la mamma, prendendo la piccola Erika per mano. «Non arriveremo in ritardo, vedrai, l'ospedale è qui vicino.»

La nonna Amelia è stata ricoverata in ospedale perché si è sentita poco bene. Stava preparando l'impasto del pane quando, all'improvviso, la testa ha preso a girarle. I medici per fortuna hanno subito rassicurato tutti, non c'era nulla da temere. Aveva solo bisogno di qualche medicina e di un po' di riposo. Presto sarebbe tornata a casa.

Giunte all'ospedale, la piccola Erika si affretta all'ascensore, con il suo bel mazzo di fiori in mano che dondola a sinistra e a destra a ogni passetto.

«Da questa parte, mamma. La nonna sta nella camera 31. Speriamo che non stia dormendo, così potrò chiederle di prepararmi la *torta con i pinoli* quando l'accompagneremo a casa dal nonno.»

L'anziana signora non sta affatto dormendo, anzi è rimasta sveglia proprio per aspettare la visita della sua adorata nipotina. È sdraiata sul letto e sta leggendo un libro sui fiori quando, d'un tratto, vede spuntare dalla porta una piccola nuvoletta di petali colorati. Che fiori magnifici! E c'è la piccola Erika accompagnata dalla mamma! Anche nella stanza di un ospedale si può essere felici.

«Tesoro, dai un bacio alla nonna e poi sistema i fiori al posto di quelli vecchi, per favore» dice la mamma alla piccola Erika. Poi aggiunge, rivolta alla madre: «Erika ha scelto questi fiori uno per uno e ha detto al fioraio di non dimenticare le mimose, perché un mondo senza mimose è un mondo senza fischi. Ha detto proprio così!»

«Oh, è così infatti!» risponde la nonna.

«Nonna, com'era vivere vicino ai binari del treno?»

«Era meraviglioso, piccola mia. Conoscevo a memoria l'orario dei treni, così quando sentivo un fischio sapevo già che ora fosse. Era molto più divertente che guardare l'orologio!»

«Io non guardo mai l'orologio! Secondo me non serve a niente!»

«A volte si sentiva un fischio inatteso. Nessun treno doveva passare a quell'ora, dicevo al mio papà. Allora correvamo tutt'e due fuori e andavamo ai binari a scoprire di quale misterioso nuovo treno si trattasse. A volte era un treno tutto rosso e noi riuscivamo a vedere le persone sedute ai loro posti. Una volta vidi persino un grosso gatto giallo seduto comodamente dietro il finestrino. Guardava dritto verso di noi. Io pensai che fosse il gatto a guidare quel treno. Altre volte, invece, arrivava un piccolo treno lento lento, tutto nero e sporco, e io diventavo un po' più triste perché mi sembrava che quel treno fosse diverso dagli altri e non avesse amici. Allora lo salutavo agitando la manina fino a quando non spariva all'orizzonte.»

«Hai visto mamma?» dice la piccola Erika. «Dev'essere proprio bello vivere vicino ai binari! Potrei anch'io vedere il treno guidato dal gatto! Forse oggi ci sono anche i treni guidati dai cani oppure dai conigli!»

«Sì, piccola mia, forse un giorno vedrai passare anche tu un bel treno guidato da un coniglietto! Chissà dove andranno tutti quei passeggeri?»

«Secondo me vanno a trovare i loro nonni che abitano lontano! Sai nonna, la mamma dice che non tutti i nipotini hanno i nonni vicini come noi, alcuni devono prendere la macchina o il treno e fare un lungo viaggio per andarli a trovare. Io lo farei un lungo viaggio per venire a trovare te e il nonno Attilio. E se mi stancherò, mi darai una fetta di torta con i pinoli. Anzi, due fette! Perché poi dovrò fare il viaggio di ritorno dalla mamma.»

«Appena sarò di nuovo a casa cucinerò per te la più grande torta con i pinoli che tu abbia mai visto» risponde la nonna. «Sarà così grande che quando tornerai a trovarmi non l'avrai ancora finita! Ci saranno tanti pinoli e la pasta frolla sarà morbida come piace a te. E sarà tutta imbiancata di *zucchero a velo* come se avesse nevicato!»

«E tu, nonna, quando sarai guarita e prenderai il treno dove andrai?»

«Io? Oh, ho fatto molti viaggi, sai, e ho preso molti treni. Adesso sono un po' stanca. Rimarrò a casa mia, che è un bel posto caldo e accogliente, dove persone gentili mi vengono a trovare e ad aiutare un po'. Solo un piccolo aiutino ogni tanto, non devo mica costruire un grattacielo! Darò l'acqua ai fiori e ogni mattina farò una bella passeggiata. Poi cucinerò un dolce profumato ogni volta che la mia piccola nipotina verrà a farmi visita. E quando avrò bisogno di riposare un po', guarderò il paesaggio dalla finestra. Vedrai, tesoro mio, sentirò il fischio di tanti nuovi treni che non ho mai visto prima.»

Domande

Perché la famiglia di Erika si è trasferita nella campagna di Siena?

Quali sono i fiori preferiti di nonna Amelia?

Perché nonna Amelia non aveva bisogno di guardare l'orologio?

Qual è il dolce che la nonna ama preparare alla piccola Erika?

Borobò

La felicità non è un posto in cui andare,
ma una casa in cui tornare.
Proverbio arabo

Nel bel mezzo del *Carnevale di Venezia*, un giovane cane dal pelo biondo annusa qua e là, come se stesse cercando qualcuno.

«Aiuto, mi sono perso!» grida la bestiola a una signora di passaggio.

La signora gli fa una carezza, però poi se ne va, come se non avesse nemmeno sentito quello che ha detto. Intanto, lì vicino, un gruppetto di bambini sta facendo festa con le maschere e lo *zucchero filato*.

«Bambini avete visto i miei padroni? Con il profumo di tutti questi dolci non riesco a sentire il loro odore.»

Uno dei bambini si avvicina e gli fa annusare un fiocco di zucchero filato, ma il cane non sembra essere interessato.

«È inutile. Gli esseri umani non capiscono mai quello che dico. È strano, i miei amici del parco invece mi capiscono benissimo! Devo continuare a cercare i padroni. Forse sono laggiù, dietro quell'angolo.»

Il cane svolta l'angolo e si ritrova in una piazza enorme. Non ha mai visto così tante persone tutte insieme! Dappertutto c'è atmosfera di festa. Laggiù una piccola orchestra sta suonando le trombe e i tamburi, dall'altra parte un prestigiatore vestito di nero fa sparire nel nulla una ragazza e fa comparire al suo posto un piccolo gatto bianco. Come avrà fatto? Ci sono poi i banchetti dei dolci e delle caramelle e tutte le luci sono accese. I bambini corrono lanciando i coriandoli e gli adulti indossano abiti del '700, con le parrucche in testa e le mascherine sugli occhi. Con tutti questi colori e profumi, *Piazza San Marco* è più bella che mai.

«Forse i miei padroni sono a quel banchetto. Andiamo a vedere.»

Al banchetto un signore sta preparando le *chiacchiere*. Prende una pallina di pasta lievitata dal colore dorato, fatta con farina, zucchero e uova, poi con un lungo bastone di legno chiamato *matterello* la schiaccia e la fa diventare una sfoglia sottile sottile. Infine, la taglia a strisce che mette a friggere in una grande padella piena di olio bollente. Quando le chiacchiere sono pronte, il signore ci mette sopra tanto *zucchero a velo* e tutti i bambini sono felici!

Il nostro piccolo amico a quattro zampe annusa il profumo dello zucchero caldo. Quant'è buono! Poi si guarda intorno per cercare i padroni. No, non sono nemmeno lì.

«Mamma guarda! Un golden retriever!» dice un bambino indicando il cane.

«È bellissimo» risponde la madre. «Poverino, sembra che si sia perso. Sarà affamato! Diamogli qualcosa da mangiare. Sicuramente gli piacciono le *polpette*!»

«Buonasera» dice la madre alla signora del banchetto delle polpette. «Può preparare per favore tre belle polpette per questo cane che si è perso? Avrà bisogno di energie per cercare i suoi padroni.»

«Certamente!» risponde la signora. Poi prende tre manciate di morbida carne, le ricopre con il tuorlo d'uovo e il pane grattugiato e poi le mette a cuocere nella padella. Il piccolo cane adesso ha veramente fame, quel profumo è irresistibile.

«Ecco le polpette. Adesso vado sulle giostre, ciao!» dice il bambino, prima di correre via.

Appena ha finito di mangiare le polpette, il cane ha un'idea.

«Vicino alla fermata del *vaporetto* c'è un amico dei miei padroni. Lui mi conosce bene e gioca sempre con me. È un signore buono, forse mi aiuterà nella mia ricerca. Sì, andrò da lui.»

Il cane corre veloce tra le gambe delle persone, a sinistra e a destra, gira e salta, è velocissimo. Ripercorre a ritroso tutta la strada. Ecco lì i piccioni con cui prima si era fermato a giocare, il ristorante da cui veniva quel buon profumo di pizza e il banchetto dove un uomo puliva il pesce. Sì, ricorda benissimo ogni angolo. C'è anche il giardino dove si era fermato a bere l'acqua da una fontanella!

Ecco la fermata del vaporetto! Quante persone! Come farà a trovare i padroni lì in mezzo?

All'improvviso, una voce chiama il suo nome.

«Borobò!»

Il cane agita la coda, felice di aver trovato l'uomo che stava cercando.

«Dove sono i tuoi padroni? Oh no, ti sei perso? Non ti preoccupare, piccolo Borobò, ti aiuterò io a cercarli. Vieni, prendiamo la mia *gondola*, sarà più facile.»

La gondola del signore è tutta nera ed è molto comoda. Borobò si siede proprio al centro, dritto sulle zampe e con il muso puntato verso la sponda.

Le luci della sera illuminano tutta la città. Proprio di fianco al *Palazzo Ducale* c'è una giostra piena di bambini che si tengono per mano sui piccoli cavalli di legno. Dai ponti le persone guardano lo strano spettacolo di un barcaiolo che trasporta un cane. Borobò adesso sente molto la mancanza dei padroni, ha paura di essere rimasto solo. Cosa farà in quella grande città lontano dalla sua bella casetta?

«Coraggio, Borobò! Vedrai che presto li troveremo. Andiamo a cercarli al *Ponte di Rialto*. È lì che i tuoi padroni ti hanno trovato quando eri piccolo, ricordi?»

La gondola naviga silenziosamente sull'acqua e ben presto entra nel *Canal Grande*. Sono già arrivati alle *Gallerie dell'Accademia*.

«Guarda, Borobò, in quel grande palazzo ci sono i quadri più belli del mondo. Sono molto antichi, sai. Ma forse a te interessano di più le salsicce, non è vero?»

Borobò ha capito perfettamente che stanno andando verso il Ponte di Rialto, infatti adesso riconosce ogni angolo della città.

Ecco che arrivano al grande ponte di pietra. Borobò abbaia a gran voce.

«È qui che sei nato, Borobò. Sono sicuro che i tuoi padroni ti stanno cercando nei dintorni.»

Borobò guarda in su. Quanto è alto! Proprio da lassù sente chiamare il suo nome.

«Borobò! Borobò!»

Sono i padroni! Lo hanno visto dal ponte! Il barcaiolo avvicina la gondola alla sponda e Borobò salta giù per correre loro incontro. Finalmente!

Che felicità! Borobò scodinzola e fa grandi salti. È tempo di festeggiare! Prima di allontanarsi, però, Borobò si volta e abbaia per ringraziare il signore della gondola.

«Arrivederci Borobò!»

Domande

In quale zona di Venezia inizia la storia di Borobò?

Cosa sono le chiacchiere?

Di che razza è Borobò?

Qual è l'idea avuta da Borobò per ritrovare i suoi padroni?

In che modo il signore della gondola aiuta Borobò?

Dove viveva Borobò prima di incontrare i suoi padroni?

Alla scoperta della Germania

Il pregiudizio è ciò che i pazzi usano al posto della ragione.
Voltaire

Bergamo è una piacevole cittadina del Nord Italia, vicino a Milano. Tutt'intorno ci sono delle belle colline verdi e grazie a una comoda funicolare è facile raggiungere le zone più elevate. Su queste colline si trovano dei graziosi ristorantini, dei bei caffè e diverse gelaterie. Qui a Bergamo è stato inventato il *gelato alla stracciatella*. Un'altra nota specialità locale è la *polenta*.

Angelo è cresciuto a Bergamo e ha sempre vissuto qui con la sua famiglia. Ha studiato fino a laurearsi ed è stato il primo grande amore della donna che è diventata sua moglie: Maria. Si sono conosciuti a scuola molto tempo fa e sono ancora una coppia felice. Vivono insieme in un grazioso appartamento del centro. Anche i loro genitori vivono in città, così come i fratelli e gli amici. A parte i turisti, i due conoscono praticamente tutti a Bergamo e ovunque vadano sono accolti calorosamente.

Angelo ha appena terminato l'università e ha già trovato il suo primo lavoro. È orgoglioso di ciò che fa. È il responsabile delle vendite per un'azienda che vende in tutto il mondo macchinari per l'imbottigliamento delle bevande. In questo momento è ancora in fase di formazione, ma presto sarà chiamato a viaggiare in Italia, anzi in tutto il mondo, perché la società vuole espandere il proprio mercato.

I due coniugi non hanno mai viaggiato all'estero, fino a oggi non hanno sentito il bisogno di lasciare il paese. In Italia tanto la montagna quanto il mare sono a portata di mano. In poche ore di auto si può passare dai meravigliosi monti delle Dolomiti alle assolate coste mediterranee. Adesso, però, Angelo non vede l'ora di prendere l'aereo e scoprire nuovi posti. Negli anni di scuola ha studiato l'inglese e il suo livello attuale non è niente male. Insomma, è pronto per il suo primo vero viaggio.

Maria è fiera di lui, soprattutto da quando ha saputo che è stato incaricato dall'azienda di seguire personalmente le vendite all'estero.

Finalmente giunge il momento di partire. La prima destinazione del marito è la Germania. Farà visita a un'importante ditta di Amburgo. Viaggerà con il capo, che gli sta insegnando il mestiere. È piuttosto nervoso: dovrà condurre i negoziati in inglese, perché del tedesco non conosce nemmeno una parola. Per fortuna con l'aiuto del capo non dovrà fare tutto da solo. Maria lo aiuta a fare le valigie. Anche lei è agitata, anche se non lo dà a vedere.

Poco prima di partire, Angelo viene preso in disparte dal suo capo.

«Cerca di essere meno esuberante del solito» gli dice. «Ai tedeschi piace la razionalità.»

Angelo sa che anche gli italiani del nord tendono ad apparire un po' più freddi rispetto ai meridionali, più emotivi e passionali, così non si preoccupa particolarmente.

«Sai, rispetto a un italiano tipico, un tedesco è un blocco di ghiaccio» aggiunge il capo, ridendo.

I due prendono l'aereo da Bergamo e atterrano ad Amburgo.

La città tedesca sembra decisamente carina e ha l'aria di essere multietnica. Angelo non si aspettava che la Germania fosse così. Raggiungono subito l'hotel che hanno prenotato nel centro della città e in serata decidono di assaggiare un'autentica birra tedesca. La loro ricerca si conclude in un piccolo bar.

«La birra è fantastica in Germania» dice il capo.

«Salute!»

La mattina seguente, i due raggiungono la sede della ditta. Si trova nell'area del porto di Amburgo. Vengono accolti con calore e cortesia. Angelo trova i dipendenti tedeschi molto simpatici. Sono amichevoli, anche se forse un po' più quieti rispetto agli italiani. Sono chiaramente concentrati soprattutto sui loro obiettivi.

Le cose vanno per il meglio e i due riescono a vendere i loro macchinari migliori e persino diversi accessori. C'è una cosa che Angelo trova assai curiosa: anche se i tedeschi sono rimasti impassibili nell'osservare i prodotti, alla fine li hanno ugualmente comprati tutti.

Angelo coglie l'occasione per chiacchierare un po' con i dipendenti e raccontare loro della sua Bergamo. Suggerisce i ristoranti migliori e descrive la città vecchia e la bella chiesa. Si accorge che anche i tedeschi amano la buona tavola, così raccomanda loro di prendere un *cappuccino* sulle colline bergamasche. Insomma, si sente a suo agio in quella compagnia e nota con orgoglio che il suo inglese si è dimostrato all'altezza della situazione. È divertente ascoltare l'inglese parlato con quegli accenti così diversi. In quell'atmosfera informale si sentono tutti meno imbarazzati nel commettere qualche errore. La cosa principale è riuscire a capirsi.

Angelo non vede l'ora di raccontare a Maria della Germania e del suo primo viaggio d'affari. I due tornano a Bergamo con grande soddisfazione.

«Allora, come è stato?» chiede Maria nel pomeriggio.

Il marito esagera un po'. «È stato grandioso, le trattative con i tedeschi sono state difficilissime, ma sono riuscito a far valere la mia competenza. A convincerli definitivamente a fare affari con noi è stato quando ho parlato della nostra bellissima Bergamo. Credo di aver suscitato in loro il desiderio di venire a visitarla. Comunque, Maria, posso dirti che anche Amburgo è fantastica. I tedeschi sono davvero cordiali. La conversazione è stata piacevole, ci hanno accolto con gentilezza e ci hanno mostrato i vari reparti della società. Abbiamo chiacchierato a lungo e bevuto parecchi caffè. Ecco, forse quello è l'unico punto debole della Germania: il caffè. Non si può nemmeno chiamare caffè, è solo acqua scura. I tedeschi usano dei filtri di caffè in polvere. Quando ho visto quel brodo marrone ho pensato che sarei morto. Quello di cui ho bisogno adesso è un vero espresso italiano. Chissà, probabilmente bevono così tanta birra da non aver affatto bisogno di caffè. In effetti la birra è deliziosa in Germania, posso garantirlo personalmente!»

Angelo sorride compiaciuto. Maria alza gli occhi al cielo ma in segreto sorride anche lei mentre gli prepara un doppio espresso italiano.

Domande

Da quanto tempo Angelo conosce Maria?

Angelo e Maria conoscono molte persone a Bergamo?

Qual è la prima destinazione internazionale di Angelo?

Come sono andate le trattative con i tedeschi?

C'è qualcosa della Germania che ad Angelo proprio non è piaciuta?

La chiave del tempo

Buon vino fa buon sangue.
Proverbio italiano

Arturo è seduto sulla sua poltrona ed è molto silenzioso. Elvira, la moglie, sta cucinando gli *spaghetti* in cucina.

«Ci stai ancora pensando?» chiede Elvira.

«Sì» risponde il marito. «Ho lavorato in ufficio per quasi tutta la vita e ormai ho sessantacinque anni. È comprensibile che mi abbiano chiesto di andare in pensione. Lo capisco.»

«Perché ti preoccupi? La casa è di nostra proprietà, i nostri figli sono grandi e hanno la loro famiglia, in fondo non ci servono più tanti soldi. Possiamo trascorrere serenamente i prossimi anni, non pensi?»

«I soldi non mi preoccupano. Emma vive felicemente sposata a Firenze e Antonio ha una brillante carriera in banca. Abbiamo lavorato entrambi tanto perché fossero felici e indipendenti e per avere una vecchiaia senza pensieri. Piuttosto, stavo pensando a una cosa.»

«A cosa?»

«Ricordi la fattoria dei nonni, nella Maremma toscana?»

«La casa a Bolgheri, vuoi dire? Sì, la ricordo benissimo. Andavamo a fare la vendemmia quando loro erano ancora vivi e i bambini erano piccoli. Si divertivano moltissimo! La mattina non vedevano l'ora di saltare fuori dal letto per andare ad aiutare i nonni, ricordi? Emma trascorreva tutto il pomeriggio pigiando l'uva con i piedi insieme alla nonna e poi rientrava in casa con i piedi ancora tutti rossi! Antonio, invece, accompagnava il nonno tra i vigneti a raccogliere i grappoli più belli e maturi. Quel vino fatto in casa era davvero delizioso, piaceva persino a me. Erano giorni felici!»

Arturo apre un cassettino della scrivania e prende un piccolo oggetto di ferro. Sembra molto vecchio.

«Che cos'è?» chiede Elvira.

«È una chiave. Me la diede il nonno prima di morire. Disse che questa era la chiave della cantina segreta in cui aveva custodito tutti gli antichi attrezzi per la produzione del vino. Era convinto che la fattoria sarebbe caduta in rovina, così volle metterli al sicuro. Diceva che erano preziosi, perché non se ne trovavano più in giro.»

«Voleva che tu la conservassi?»

«Mi disse esattamente queste parole: *mio carissimo nipote, tu ami la nostra famiglia. Vorrei che custodissi questa chiave. Forse, un giorno, capirai perché la sto dando proprio a te.*»

«Credo di aver capito perché te l'ha data» dice Elvira.

«Già, dopo tanti anni lo capisco solo oggi.»

«Tesoro, ma noi non sappiamo fare il vino. E non siamo nemmeno più giovani. Fare il vino è faticoso, ci vuole tanto tempo.»

«Io ricordo tutto quello che mi ha insegnato il nonno. Per esempio ricordo come tagliare i rami dei vigneti per farli crescere più forti, come scegliere i grappoli migliori, come filtrare il mosto, come aggiungere lo zucchero nella giusta quantità. E poi se vado in pensione, il tempo non sarà un problema, avrò tutto il tempo che voglio. A dire la verità, Elvira, ci sto pensando già da un po'.»

«Sai che ti dico? Penso che sarebbe divertente! In fondo non abbiamo nulla da perdere!»

«Ci sarà molto lavoro da fare, non potremo occuparci di tutto da soli, ci vorrebbero almeno quattro o cinque persone.»

«Perché non chiediamo ai ragazzi di darci una mano?»

«Pensi che accetteranno? Sono sempre molto impegnati con il lavoro e i bambini, avranno altro per la testa.»

«Scopriamolo!»

Elvira prende il telefono e chiama Emma.

«Ciao mamma!» dice Emma.

«Ciao tesoro. Papà ed io stiamo pensando di tornare a fare la vendemmia nella casa dei nonni.»

«Nella vecchia casa a Bolgheri?»

«Sì. Ti piacerebbe fare di nuovo il vino come quando eri piccola?»

«È un'idea meravigliosa, mamma! Potremo insegnare ai bambini a pigiare l'uva, proprio come facevo io. Contate su di noi!»

Elvira ha un grande sorriso in volto.

«Ha detto che insegnerà ai bambini a pigiare l'uva, come faceva lei con la nonna.»

«Fantastico!» esclama Arturo.

«E adesso proviamo con Antonio.»

Elvira è eccitata all'idea di questa nuova avventura.

«Caro? Abbiamo una sorpresa per te. Stiamo organizzando una nuova grande vendemmia nella casa dei nonni in Toscana, come ai vecchi tempi. Perché non venite anche tu e tua moglie Erica con i bambini?»

«Mi piacerebbe, mamma, ma non abbiamo gli attrezzi necessari.»

«Tuo padre ha la chiave della cantina segreta del nonno.»

«Davvero? Chissà se ci sono ancora le sue forbici da potatura. Il nonno le faceva usare soltanto a me. D'accordo, mamma. Ci saremo. Erica e i bambini saranno entusiasti.»

In breve, tutto è pronto per una nuova vendemmia. In autunno l'intera famiglia si riunirà nella casa di Bolgheri.

«È meraviglioso, cara!» dice Arturo. «Torneremo nella casa dei nonni, tra i vigneti e i cipressi. Chissà quanti oggetti familiari ritroveremo, quanti ricordi! Domani chiederò di andare in pensione. Sono così felice!»

Così, non appena giunge luglio, Arturo ed Elvira si trasferiscono a Bolgheri per sistemare la fattoria. C'è un mucchio di lavoro da fare, la casa è rimasta chiusa per anni.

Elvira lavora ogni giorno al giardino. Si occupa di potare le piante e dare il concime agli alberi da frutto. Nell'angolo a sud della casa c'è un grande albero di limoni. «Durante la vendemmia saremo tutti stanchissimi, con questi limoni farò una bella limonata dissetante» pensa tra sé.

Grazie alla sua inesauribile energia, presto tutta la casa è di nuovo pulita e adesso è un piacere riposare sul divano del soggiorno.

Elvira si diverte anche a cucinare i piatti tipici della Maremma, con grande gioia di Arturo! È diventata bravissima a preparare le *pappardelle alla lepre*, una pasta fatta in casa molto saporita, e la tradizionale *panzanella* a base di pane, pomodori e cipolle. La panzanella è perfetta per le calde giornate estive, perché è un piatto freddo.

Ogni giorno, a pranzo, i due si siedono sotto il portico e Arturo assaggia i manicaretti di Elvira. Dal giardino hanno una magnifica vista sulla valle che si estende ai piedi del borgo medievale di Bolgheri. È come un grande mare verde e le vigne sembrano onde che dolcemente salgono e scendono. In tutta la zona ci sono cantine vinicole che producono vini rossi molto buoni e famosi.

Nel frattempo, Arturo cura le viti. Ogni mattina si alza appena sorge il sole, quando la temperatura non è ancora troppo alta, e controlla a uno a uno tutti i filari. Per fortuna il vigneto del nonno è piccolo. Lui diceva sempre «ciò che conta è la qualità, non la quantità.»

La cosa più importante è la potatura. Arturo non ha mai dimenticato come tagliare i rami per lasciare filtrare il sole tra le foglie. Ogni mattina controlla anche che le viti abbiano l'acqua e che l'erba del terreno sia folta, poi prende un grappolo e controlla se è maturo. Appena la maturazione sarà arrivata al punto giusto, la vendemmia potrà avere inizio!

Ben presto arriva il mese di ottobre. Come tutte le mattine, Arturo prende un grappolo e lo osserva in controluce. Lo stringe tra le mani e lo assaggia. È di un blu scuro, quasi nero, ed è profumato e morbido. L'uva è pronta! Non bisogna aspettare ancora, altrimenti il vino sarà troppo dolce. È arrivato il momento di vendemmiare! Elvira telefona subito a Emma e ad Antonio per dare la bella notizia.

Dopo pochi giorni tutta la famiglia si riunisce. Ci sono Emma con il marito Filippo e i loro due bambini e anche Antonio con la moglie Erica e i loro tre figli. La casa di Bolgheri è tornata di nuovo un luogo di allegria, proprio com'era al tempo dei nonni. Il pranzo è diventato un momento di grande festa! Durante il giorno le voci dei bambini che corrono in giardino e nel vigneto mettono Arturo ed Elvira di buon'umore. Emma dà una mano in cucina, mentre Antonio visita con il padre la cantina segreta del nonno. Che emozione vedere tutti quegli attrezzi ancora perfettamente funzionanti! C'è anche la vecchia forbice!

Infine, arriva il giorno tanto atteso. Inizia la vendemmia! Arturo e Antonio si occupano della raccolta dell'uva. Filare dopo filare, tagliano con cura i grappoli dai rami e li mettono dentro le casse senza schiacciarli. È un lavoro faticoso, ma lo fanno con gioia, senza fretta. Ci sono le pause per la merenda e tante chiacchiere e sorrisi.

Nel frattempo Elvira ed Emma puliscono le grandi e antiche barrique di legno del nonno e fanno spazio all'interno della cantina. È lì che verranno messe le botti piene del nuovo vino.

Ecco che Arturo e Antonio portano le prime casse piene di grappoli. È il momento che i bambini stavano aspettando! Tutta l'uva viene trasferita nei grandi contenitori di legno chiamati tini, dopodiché i piccoli ci saltano dentro e iniziano a pestare con i piedi! Quanto si divertono!

Il succo ottenuto viene messo a fermentare, cioè dovrà rimanere per una decina di giorni nei contenitori chiusi. È proprio questo il momento in cui il succo d'uva inizia a trasformarsi in vino. In questa fase Arturo e Antonio controllano costantemente la qualità del prodotto e aggiungono lo zucchero necessario. Infine, tutti insieme, trasferiscono il vino all'interno delle barrique.

«Adesso dovrà rimanere qui dentro al fresco e al buio per almeno due anni!» dice Arturo. «A differenza mia, più diventerà vecchio più sarà buono!»

«Poi, quando sarà pronto, lo metteremo nelle bottiglie di vetro» aggiunge Antonio.

Nel frattempo Elvira porta in giardino un vassoio pieno di bicchieri.

«La vendemmia è divertente, soprattutto se fatta in famiglia, però ci vuole tempo. Questa limonata, invece, è già pronta!»

Grandi sono le risate e gli abbracci.

«I nonni sarebbero fieri di noi» dice Arturo e tutti alzano i bicchieri per brindare: «Ai nonni!»

Domande

Perché Arturo è così silenzioso?

Cosa piaceva fare a Emma nella casa di Bolgheri, quando era piccola?

Perché il nonno aveva dato la chiave della cantina ad Arturo?

Sono contenti Emma e Antonio di tornare a fare la vendemmia?

Come fa Arturo a capire quando l'uva è matura?

Il Signor Bellaparola

Si impara davvero solo quando si ha voglia di farlo.
Antico proverbio giapponese

In una casa di campagna vicino alla bella Verona è in corso una conversazione tra marito e moglie. I due coniugi sono molto preoccupati per i loro figli. Il più piccolo si chiama Giacomo e ha dodici anni, la sorellina invece ha già compiuto tredici anni e il suo nome è Camilla. Frequentano le scuole medie e quest'anno ci sarà l'esame finale. Se tutto andrà bene, l'anno prossimo andranno alle scuole superiori. Si stanno facendo grandi, è un momento molto importante.

Giacomo è bravissimo con i numeri, sa già usare il computer e studiare la matematica non gli costa nessuna fatica. Anzi, la trova molto divertente! Camilla, invece, ha un grande talento per il disegno. L'anno scorso ha disegnato con la matita il ritratto del fratellino e quando la maestra l'ha visto è rimasta senza parole. La mamma lo conserva nel cassetto della camera da letto, tra le sue cose più preziose.

A preoccupare il papà e la mamma è il fatto che Camilla e Giacomo sanno parlare solo il dialetto. Entrambi a scuola vanno male in italiano. I maestri hanno detto che anche se sono molto bravi in matematica e nel disegno, i due ragazzi non saranno promossi se non impareranno a parlare correttamente l'italiano.

«La maestra ha ragione» dice il marito. «Qui, in campagna, tutti parlano solo il dialetto, ma un giorno i nostri figli forse andranno a lavorare in città. Come faranno se non sapranno parlare come si deve?»

«Sono molto bravi nelle altre materie» risponde la moglie. «La maestra ha detto che non ha mai avuto un alunno così brillante in matematica come Giacomo. Chissà, forse un giorno diventerà un famoso scienziato! In fondo non si può essere bravi in tutto, non credi?»

«Noi siamo contadini, poco importa se non sappiamo parlare bene. Esistono però tanti lavori in cui è importante saperlo fare. Pensa per esempio a quelli che scrivono i libri, oppure ai medici o ai cantanti. Loro parlano l'italiano perfettamente.»

«Ma gli scienziati non lavorano in televisione.»

«Non lavorano nemmeno nei campi. Non possiamo sapere cosa i ragazzi vorranno fare da grandi. Ho paura che se sapranno parlare solo il dialetto, avranno meno possibilità nella vita. Non è giusto.»

«Hai ragione, dobbiamo aiutarli. Cosa possiamo fare?»

Il marito riflette in silenzio. Il camino è acceso e sul fuoco della cucina sta cuocendo il *minestrone*, fatto con le verdure dell'orto. Ci sono le patate, le carote e anche i piselli. Presto si metteranno tutti a tavola.

«Forse c'è una possibilità» risponde infine.

«Quale?»

«Chiediamo aiuto al Signor Bellaparola.»

«Cosa? Ma il Signor Bellaparola abita lontano! E poi è molto famoso, costerà moltissimo.»

«Già. Dovremo fare qualche sacrificio in più, quest'anno.»

«Sai cosa ti dico? Quest'anno rinunceremo alle vacanze e con i soldi risparmiati chiederemo al Signor Bellaparola di darci una mano.»

Così la decisione è presa. Il Signor Bellaparola è un professore famoso. Con il suo aiuto Camilla e Giacomo impareranno sicuramente a parlare l'italiano e saranno promossi all'esame di fine anno. Non rimane che dirlo ai ragazzi.

Poco dopo, a tavola, la mamma dà la grande notizia.

«C'è una grande novità! Il Signor Bellaparola vi aiuterà a imparare l'italiano!»

«Oh no, mamma!» dice Camilla. «Sarà il solito professore noioso!»

«E poi l'italiano è difficile» aggiunge il fratellino.

«Giacomo ha ragione. Ci sono troppe regole! Accenti, apostrofi, singolari, plurali, mi gira la testa! A scuola la maestra ha detto che esistono centinaia di eccezioni.»

Camilla prende in mano un uovo. «Guarda mamma, ti faccio un esempio. Questo è un uovo, ma se prendo un altro uovo, l'ultima "o" diventa una "a" e abbiamo due uova! Magia!»

«La cosa più difficile sono i verbi» dice Giacomo. Secondo me le formule matematiche sono molto più semplici.»

«Non preoccupatevi» conclude la mamma. «Dicono che il Signor Bellaparola abbia un metodo di insegnamento segreto. Potrebbe essere divertente! Su, adesso mangiamo il minestrone, altrimenti si raffredda.»

Il giorno seguente ecco che giunge in visita il Signor Bellaparola.

«Buongiorno!» esclama.

«Buongiorno, professore» rispondono Camilla e Giacomo senza troppo entusiasmo.

«Oh, non chiamatemi professore, mi fa sentire così vecchio!»

Che strano aspetto ha il Signor Bellaparola! I suoi capelli sono bianchi e sulla testa porta un cappello di colore viola. Chi mai indosserebbe un cappello viola?

In mano tiene un bastone di legno e sembra molto simpatico. Non somiglia affatto agli altri maestri della scuola!

«Dovete sapere che è molto semplice essere promossi» dice il professore.

«Davvero?» chiede Giacomo.

«Certamente! Basta scoprire chi sarà il professore che vi farà l'esame. Io li conosco tutti e saprò dirvi esattamente che domande vi aspettano. Allora, di chi si tratta?»

«Non lo sappiamo, Signor Bellaparola. Nessuno lo sa. È un segreto.»

«Oh, questo non ci voleva. Dovremo studiare sul serio, allora. Per fortuna il mio metodo è infallibile. Domani andremo in città. Camilla porterà i fogli per disegnare e tu, Giacomo, porterai il computer.»

Come promesso, l'indomani il Signor Bellaparola porta Camilla e Giacomo in *Piazza Bra.*

«Vedi quel grande edificio in pietra, Camilla?»

«Sì, Signor Bellaparola.»

«Si chiama *Arena* ed è una specie di piccolo *Colosseo.* Molto tempo fa i Romani venivano qui a vedere i combattimenti. Vorrei che tu mi insegnassi a disegnarla.»

«Davvero? Che bello!»

Camilla è entusiasta all'idea di spiegare a qualcuno come si fa a disegnare.

«Ricorda, però, che dovrai parlarmi esclusivamente in italiano.»

«Va bene!»

Dopo qualche tempo, il Signor Bellaparola mostra il suo disegno. «Ecco qua! Come inizio non c'è male, ma è tutto storto. Domani torneremo di nuovo qui e mi spiegherai la prospettiva, che ne dici? Adesso, Giacomo, andiamo in un altro bel posto.»

I tre si spostano in *Piazza delle Erbe* e da lì salgono sulla cima della *Torre dei Lamberti*.

«Questa è una torre medievale, Giacomo. Vuol dire che è stata costruita quando i computer nemmeno esistevano. Da qui si vede tutta la città. Guarda quante strade! Vorrei che tu mi insegnassi a calcolare con il computer la strada più breve per tornare a casa.»

«Sì, Signor Bellaparola, è facile!»

Anche Giacomo è molto contento all'idea di spiegare a qualcun altro la matematica che lui tanto ama.

Al termine della giornata i ragazzi tornano a casa molto felici e già non vedono l'ora di ricominciare e insegnare al Signor Bellaparola tante cose nuove.

Così, passano le settimane. Ogni giorno i due fratelli insegnano al Signor Bellaparola a disegnare e a usare il computer. Senza nemmeno accorgersene hanno parlato italiano tutto il tempo e ora sono diventati decisamente bravi.

Arriva infine il giorno dell'esame.

«Sono molto fiero di voi. Adesso sapete parlare l'italiano perfettamente. Sono sicuro che chiunque sia il misterioso professore, sarete promossi. Quanto a me, andrò a insegnare l'italiano a qualche altro bambino. Addio!»

«Grazie, Signor Bellaparola! Addio!»

Camilla e Giacomo sono molto agitati. Riusciranno a passare l'esame?

«Coraggio, sarete bravissimi!» dice la mamma. «Per festeggiare, stasera cucinerò il *risotto* per tutti!»

I due ragazzi prendono ognuno il proprio zaino ed escono di casa.

«Ciao mamma! Ciao papà!»

Alla scuola gli esami sono già in corso. La prima a entrare sarà Camilla, poi sarà il turno di Giacomo.

L'attesa sembra infinita. Finalmente i professori chiamano Camilla.

«In bocca al lupo!» dice Giacomo.

Mentre aspetta che la sorellina finisca l'esame, Giacomo ripassa i verbi al condizionale.

«Io mangerei, tu mangeresti, egli mangerebbe, noi mangeremmo, voi mangereste, essi mangerebbero. E pensare che fino a poco tempo fa conoscevo solo il presente!»

D'un tratto ecco Camilla uscire dalla stanza. Ha un grande sorriso e sembra sorpresa. Porta l'indice vicino alla bocca, come quando si fa segno di tenere un segreto, e fa l'occhiolino. Cosa avrà voluto dire?

Adesso tocca a Giacomo.

«Speriamo che il professore non sia troppo severo» pensa tra sé.

Nell'aula c'è un gran silenzio. Su un tavolo scuro è poggiato un bastone di legno.

«Quel bastone io lo conosco!» esclama Giacomo.

Seduto al tavolo c'è un signore dai capelli bianchi. Sulla testa porta uno strano cappello tutto viola.

«Signor Bellaparola!»

«Buongiorno, Giacomo.»

«Allora è lei il misterioso professore!»

«Proprio così.»

«Come sono contento! Avanti professore, mi chieda quello che vuole, sono diventato molto bravo, sa?»

«Certo che lo so, mio caro. Ormai tu e Camilla parlate l'italiano magnificamente. Non serve nessun esame.»

«Grazie! La mamma e il papà saranno orgogliosi di noi. E adesso, professore, che cosa farà?»

«Oh, conosco un bambino che ha bisogno di me. Ha un talento molto speciale, sai. Ed io ho sempre desiderato imparare a suonare il pianoforte!»

Domande

Perché i due genitori sono preoccupati?

In cosa sono molto bravi Camilla e Giacomo?

Perché i due ragazzi non parlano bene l'italiano?

Qual è il metodo segreto del Signor Bellaparola?

Che cosa scoprono i due fratelli il giorno dell'esame?

Perché l'esame dei ragazzi è così breve?

Nord o sud?

Dove entra il sole non entra il medico.
Proverbio italiano

Alberto e Fiorella sono sposati da trent'anni. Si sono conosciuti quando avevano poco più di vent'anni. Sono una coppia molto felice. Tra loro non ci sono segreti, hanno gli stessi gusti e le stesse opinioni, al ristorante ordinano lo stesso piatto e non litigano mai. Insomma, sono così affiatati che ognuno conosce l'altro meglio di se stesso.

Oggi vivono in una bella casa tra gli alberi vicino a Brescia, nel Nord Italia. Il loro è un piccolo paese in cui ci sono solo il panettiere, il macellaio, un piccolo supermercato e un bar che il sabato pomeriggio diventa molto affollato.

Non escono spesso, perché amano il silenzio e la tranquillità. Preferiscono rimanere a casa, seduti in giardino. Qualche volta il sabato sera vanno al cinema oppure al ristorante. Una volta sono andati addirittura fino a Milano, ma Alberto preferisce dimenticarlo. Troppa confusione, troppo rumore! Per colpa di un ritardo dell'autobus stavano per perdere il treno di ritorno. Ancora oggi non riesce proprio a capire come possa un autobus arrivare con tre interi minuti di ritardo!

Non gradiscono avere visite, soprattutto quelle dell'ultimo momento. Fiorella preferisce saperlo con due giorni di anticipo, così può preparare tutto come si deve. Ci tiene a fare bella figura con gli ospiti.

La mattina si alzano entrambi molto presto. Alberto alle sei è già in piedi. Quando apre l'edicola del paese, alle sette e mezza del mattino, lui è già lì fuori ad aspettare. Poi rientra a casa col suo giornale preferito e si siede a leggerlo sulla poltrona in soggiorno. Inizia sempre dalla pagina dell'economia, così può tenere sotto controllo l'andamento delle sue azioni. Prima, però, tira le tende della finestra, perché dice che la luce troppo forte gli dà fastidio, specie in quelle giornate in cui ci sono meno nuvole del solito e c'è persino il sole.

«Caro, stavo pensando una cosa» dice Fiorella dalla cucina.

«Che cosa, tesoro?»

«Che ne dici se quest'anno andassimo in vacanza?»

«In vacanza?»

«Sì. Potremmo visitare un posto nuovo.»

«Hai già dimenticato quello che è successo a Milano?»

«Forse siamo stati solo un po' sfortunati.»

«D'accordo, ti accontenterò. In fondo, cambiare aria non ci farà male.»

«Potremmo andare un po' più lontano e scegliere una meta esotica.»

Alberto ci riflette su. «Che ne dici dell'Austria?»

«Dev'essere bellissima, ma non è quello a cui pensavo.»

«Ti conosco, hai in mente una follia, non è vero? Zurigo? Foresta Nera? Amsterdam?»

«Ecco, sai…»

«Ho capito. Copenaghen!»

Fiorella non sembra ancora convinta.

«Allora vuoi davvero fare pazzie! Oslo? Helsinki?»

Silenzio.

Alberto gioca la sua ultima carta: «Capo Nord!»

«E se andassimo a sud?».

«A sud? In che senso a sud?»

«Mia sorella è appena tornata dal Sud Italia e mi ha raccontato della sua vacanza in Puglia. Ha detto che è entusiasta e che non vede l'ora di tornarci.»

«Tesoro, stai scherzando?»

«Non siamo mai andati verso sud.»

«Naturalmente! Lì le cose non funzionano e poi parlano in modo incomprensibile. Gli autobus sono sempre in ritardo. Può persino succedere che prenoti un tavolo al ristorante e quando arrivi ti fanno aspettare fuori.»

«Io ho saputo che a volte i vicini ti vengono a trovare all'improvviso senza nemmeno avvisarti! Dev'essere terribile! Però il medico ha detto che l'aria di mare fa bene alla pelle. Forse dovremmo andarci.»

«E va bene cara, se proprio ci tieni andremo a sud. Ma non dire che non ti avevo avvisato!»

«D'accordo!»

Così, in un giorno di pioggia di maggio, Alberto e Fiorella si mettono in macchina e partono per il Sud Italia.

Alberto decide di prendere l'autostrada, così può stare tutto il tempo nella corsia centrale senza essere disturbato dagli automobilisti indisciplinati.

Il viaggio è molto tranquillo. Dopo poche ore hanno già superato Bologna e Firenze e procedono verso Roma.

Nel tratto tra Roma e Napoli il traffico diventa più disordinato. Alcuni automobilisti sorpassano nella corsia di destra, anziché in quella di sinistra, e non tutti rispettano il limite di velocità. Tutto ciò lo rende nervoso, così decidono di lasciare l'autostrada e di proseguire lungo le statali. La prossima meta è Bari. La Puglia è vicina!

Il sole è forte e fa molto caldo. Nonostante l'aria condizionata sia accesa, Alberto e Fiorella sono già molto sudati e piuttosto irrequieti. A destra e a sinistra sono continuamente superati da vecchie automobili dai finestrini abbassati e la musica a tutto volume. La strada è stretta e in cattive condizioni, non si può andare molto veloci.

Un uomo sventola una bandiera gialla e fa cenno agli automobilisti di fermarsi e spegnere i motori.

«Buongiorno» dice l'uomo. «Purtroppo è scoppiato un vecchio tubo dell'acqua e non è possibile proseguire.»

«Crede che basteranno quindici minuti per risolvere il problema?» chiede Alberto. «Fa molto caldo in macchina.»

«Non si preoccupi, abbiamo già chiamato l'operaio. Al massimo entro sei ore sarà qui. Gli altri automobilisti stanno organizzando una partita di calcio su quel prato e hanno acceso i barbecue per la cena. Vi consiglio di unirvi a loro, ci sto andando anch'io.»

Alberto e Fiorella preferiscono rimanere al sicuro nella loro automobile. Dal finestrino osservano il fumo della carne arrostita e i bambini che giocano. Presto fa buio e i due si addormentano.

La mattina seguente il tubo è stato riparato e la strada è libera. Alberto mette in moto e finalmente ripartono. Gli altri, invece, rimangono ancora fermi sull'autostrada, devono prima fare colazione con il caffè o il latte.

Il paesaggio adesso è molto bello. Sulla destra ci sono gli ulivi e sulla sinistra c'è il grande mare blu. Il sole è alto nel cielo.

«Perché sorridi, cara»? chiede Alberto.

«È tutto molto strano qui» risponde Fiorella. «Sembra un altro pianeta!»

Verso mezzogiorno arrivano a Lecce. Una signora si avvicina alla loro auto.

«Buongiorno, signori! State cercando una casa? Venite da me! Starete benissimo, vedrete. Ho una sorpresa per voi!»

La casa della signora si trova in città, proprio vicino alla piazza principale.

Alberto e Fiorella si sistemano in un grande appartamento all'ultimo piano. Dalla terrazza si vede anche il mare!

«Adesso andate pure a fare una passeggiata» dice la signora. «Vi aspetto da me domani. Vi mostrerò una bella cosa!»

«A che ora precisamente, signora?» chiede Fiorella.

«Quando volete! Da me gli ospiti possono venire in qualsiasi momento, la mia porta è sempre aperta.»

Il resto della giornata, Alberto e Fiorella lo trascorrono passeggiando senza fretta.

«Buonasera!» dice un signore di passaggio.

«Benvenuti!» esclama una signora che tiene per mano un bambino.

«Assaggiate i miei *pasticciotti*, li ho appena fatti!» dice un giovane pasticciere.

In un attimo la giornata è finita. Quante persone hanno incontrato! Il tempo è volato.

«Non capisco» dice Fiorella. «A casa nostra le giornate sembrano così lunghe.»

Il giorno seguente, come promesso, i due coniugi fanno visita alla signora.

«Adesso vi faccio vedere come si fanno le vere *orecchiette* pugliesi!»

Su un grande tavolo di legno ci sono la farina di *grano duro*, l'acqua e il sale.

«Il segreto è la farina! Solo qui in Puglia abbiamo una farina così buona.»

Alberto e Fiorella rimangono incantati dalla bravura della signora nel preparare le orecchiette. Le sue dita sono grosse eppure si muovono velocissime, in un attimo ecco pronti tanti pezzettini di pasta a forma di piccole orecchie!

«Ecco, sono pronte! Le mangeremo tutti insieme domani a pranzo, vedrete che bontà!»

Così, tra una sorpresa e l'altra, trascorre un mese intero. Il mare, il sole, il caldo, l'allegria e i sorrisi delle persone presto diventano per Alberto e Fiorella irrinunciabili. Anche se non se ne sono ancora accorti, sono molto cambiati.

«Tesoro, vado a comprare il giornale» dice Alberto una mattina. «Poi mi fermerò al bar di Leopoldo, oggi c'è una luce magnifica, sarà un piacere chiacchierare all'aria aperta. Ci pensi tu a quella questione?»

«Certo! Me ne occupo subito, poi andrò in spiaggia con le mie nuove amiche. Guarda che pelle meravigliosa ho adesso!»

«Sei bellissima!»

Fiorella osserva lo schermo del computer. Senza rendersene conto sta sorridendo. Rilegge un'ultima volta quello che ha scritto e poi preme il tasto Invio. Pochi giorni dopo, sul giornale di Brescia, compare un nuovo annuncio:

VENDESI VILLA CON GIARDINO.
GRAZIOSA POSIZIONE TRA GLI ALBERI.
AFFARE IMPERDIBILE.

I PROPRIETARI SONO PARTITI
PER UN ALTRO PIANETA.

Domande

Cosa piace fare ad Alberto e Fiorella?

Cosa fa ogni mattina Alberto?

Perché Alberto non vuole andare nel Sud Italia?

Che cosa fanno gli altri automobilisti in attesa che il tubo dell'acqua venga riparato?

Qual è la sorpresa della signora di Lecce?

Che cosa scrive Fiorella al computer?

RISPOSTE

Ulla e Rudi in vacanza sul Lago di Garda

Quanto tempo prima della partenza, Ulla e Rudi preparano la lista delle cose da fare?
Ulla e Rudi iniziano a scrivere la lista una settimana prima della partenza. Loro detestano scoprire di aver dimenticato qualcosa a casa nel bel mezzo di una vacanza perfettamente organizzata!

Perché Rudi è sempre così infastidito in Austria?
Perché vorrebbe non dover pagare il pedaggio autostradale austriaco. In fondo non stanno mica andando in vacanza in Austria, sono solo di passaggio!

Con quanto anticipo Rudi aveva già prenotato il campeggio?
Rudi prenota sempre il campeggio con un anno e mezzo di anticipo, perché vuole che al loro arrivo sia tutto in perfetto ordine e non ci siano sorprese.

In che modo il cameriere addolcisce Ulla?
Il cameriere fa il galante con Ulla, le fa molti complimenti e le dice che è una donna bellissima. All'inizio Rudi è infastidito, ma quando capisce le buone intenzioni del cameriere torna a essere allegro.

Qual è la pizza che piace a Rudi?
Rudi vorrebbe la pizza con il prosciutto. Invece il cameriere gli porta per sbaglio la pizza con il salame. Per fortuna Ulla gli consiglia di assaggiarla, così Rudi scopre che è la migliore pizza che abbia mai mangiato.

Le ricette della signora Anna

Perché a Napoli i prodotti della terra sono così saporiti?
A Napoli c'è il Vesuvio, un vulcano ancora piuttosto attivo. La sua attività rende il terreno ricco di minerali e sostanze nutrienti che rendono la frutta e gli ortaggi buonissimi!

Il tradizionale tiramisù è un dolce adatto ai bambini?
La ricetta tradizionale del tiramisù prevede il caffè, che non è adatto ai bambini. Per questo motivo molte pasticcerie preparano il tiramisù per i bambini mettendo il succo di frutta al posto del caffè.

È vero che gli italiani vanno matti per i prodotti surgelati?
Come tutti, anche gli italiani hanno sempre meno tempo per cucinare, però sono ancora molto legati alle tradizioni casalinghe. Per questo motivo molte famiglie preferiscono i prodotti freschi a quelli surgelati.

Qual è il segreto per cuocere perfettamente la pasta?
Il vero segreto per cucinare una pasta perfetta è il tempo di cottura. Quando la pasta non è cotta a sufficienza si dice che è *cruda*, quando è cotta troppo a lungo si dice che è *scotta*. Quando invece è cotta al punto giusto si dice che è *al dente*.

Il misterioso latin lover

Perché la protagonista è andata in vacanza in Italia da sola?
La ragazza sognava da tempo una vacanza in Italia, così è partita da sola per avere tutto il tempo di esplorare il paese senza fretta!

Di cosa amano parlare gli italiani?
Gli italiani parlano di cibo tutto il tempo! E la cosa che amano di più è parlare di cibo proprio mentre mangiano!

Qual è il segreto che la ragazza rivela al suo diario?
I segreti sono due. Il primo è che i ragazzi siciliani sono bellissimi e il secondo è che lei ha un debole per i baffi.

Perché la ragazza torna due volte nello stesso bar?
Perché spera di incontrare di nuovo il bel ragazzo dagli occhi neri.

Qual è la torta siciliana più tipica e famosa?
La tipica torta siciliana è la *cassata*, fatta con la ricotta fresca di pecora e il pan di Spagna. In Sicilia ci sono anche molti altri dolci buonissimi!

Sua madre

Perché Giorgio non porta le camicie in lavanderia?
Perché secondo lui la lavanderia è costosa, ma forse la verità è che è molto più comodo farle lavare alla madre!

Perché Giorgio non si decide a lasciare la casa della madre?
Perché ha paura di deluderla. E poi perché la vita in casa con la madre è molto comoda!

Qual è il segreto per fare una buona carbonara?
Il segreto sta nel mettere l'uovo e il formaggio alla fine.

Cosa vorrebbe fare la fidanzata di Giorgio la domenica?
Vorrebbe andare a scoprire le città d'arte italiane, come Firenze e Torino.

Che cosa ha detto la fidanzata di Giorgio a sua madre?
Visto che Giorgio non ha il coraggio di farlo, è lei a dire alla madre che andranno a vivere insieme e che avranno un bambino.

Dalla Sicilia ad Hannover

Perché Mario è emigrato dalla Sicilia in Germania?
Mario è emigrato in Germania in cerca di fortuna. Ha chiesto il permesso di soggiorno temporaneo come lavoratore.

Com'è riuscito Mario ad aprire un ristorante?
Grazie al boom economico degli anni Sessanta è riuscito a mettere da parte un po' di soldi e ad avviare la nuova attività con l'aiuto di Nina, sua moglie.

Cosa desiderano fare in futuro i due figli di Mario?
Giuseppe sogna di prendere in consegna il ristorante del padre, Alessandro invece vorrebbe trovare un tranquillo lavoro in banca.

Cosa dicono i genitori di Sophie del suo fidanzato italiano?
Dicono che Sophie dovrebbe stare attenta, perché le donne non sanno resistere al fascino degli italiani.

Qual è la novità che Mario annuncia allo zio Roberto in vista delle loro vacanze a Catania?
Mario dice al fratello che quest'anno con loro verrà una persona in più, cioè la fidanzata di Alessandro, una vera tedesca!

Il campione del mondo

Da quali paesi provengono i giocatori del campionato mondiale?
Sono quattro: il cinese, il tedesco, lo spagnolo e l'italiano.

Perché il cinese ha perso così facilmente?
I cinesi non gesticolano quando parlano, anzi rimangono immobili. Infatti quando il giocatore cinese affronta l'italiano tiene le braccia troppo ferme.

Cosa fa l'italiano per vincere contro il tedesco?
Gli racconta la barzelletta dell'uomo che entra in un caffè e affoga (in italiano la parola "caffè" si usa per indicare sia la bevanda che il bar).

Qual è l'arma segreta con cui l'italiano riesce a battere lo spagnolo?
Gli italiani hanno l'abitudine di toccare l'interlocutore. Per esempio, gli poggiano una mano sul braccio o sulla spalla. È così che il campione italiano batte lo spagnolo!

Una nonna per amica

Perché la famiglia di Erika si è trasferita nella campagna di Siena?
I nonni italiani di Erika sono diventati molto anziani e i suoi genitori hanno deciso di trasferirsi a Siena per star loro vicino. Per gli italiani la famiglia è molto importante, anche quando gli anni passano.

Quali sono i fiori preferiti di nonna Amelia?
La nonna Amelia ama moltissimo le mimose, perché le ricordano quando era piccola.

Perché nonna Amelia non aveva bisogno di guardare l'orologio?
Perché conosceva a memoria gli orari di tutti i treni che passavano. Quando sentiva il fischio di un treno in arrivo, aveva già capito che ora fosse.

Qual è il dolce che la nonna ama preparare alla piccola Erika?
È la torta con i pinoli. Si tratta di una torta di friabile pasta frolla con tanta crema pasticcera e tanti pinoli. Gli italiani la chiamano la torta della nonna!

Borobò

In quale zona di Venezia inizia la storia di Borobò?
La storia di Borobò inizia a Piazza San Marco, nel bel mezzo del Carnevale di Venezia.

Cosa sono le chiacchiere?
Le chiacchiere sono un dolce tradizionale del Carnevale italiano. È un impasto di farina, zucchero e uova, tagliato a strisce e fritto nell'olio caldo.

Di che razza è Borobò?
Borobò è un bel golden retriever dal pelo biondo.

Qual è l'idea avuta da Borobò per ritrovare i padroni?
È quella di tornare alla fermata del vaporetto, perché lì c'è un barcaiolo amico dei padroni. Lo avrebbe sicuramente aiutato.

In che modo il barcaiolo aiuta Borobò?
Lo fa salire sulla sua gondola e lo accompagna fino al Ponte di Rialto.

Dove viveva Borobò prima di incontrare i suoi padroni?
Prima di incontrare i suoi padroni, Borobò viveva sotto il Ponte di Rialto.

Alla scoperta della Germania

Da quanto tempo Angelo conosce Maria?
Da molto tempo. I due si sono conosciuti ai tempi della scuola e lui è stato il primo grande amore di Maria.

Angelo e Maria conoscono molte persone a Bergamo?
Hanno sempre vissuto a Bergamo, conoscono praticamente tutti. A parte i turisti, naturalmente!

Qual è la prima destinazione internazionale di Angelo?
Il primo viaggio di affari di Angelo è ad Amburgo, in visita a una società interessata ai prodotti della ditta per cui lavora.

Come sono andate le trattative con i tedeschi?
Molto bene, tanto che i tedeschi non solo hanno comprato tutti i macchinari, ma anche molti accessori.

C'è qualcosa della Germania che ad Angelo proprio non è piaciuta?
Sì, il caffè. Angelo trova i filtri del caffè tedeschi terribili. Al contrario, trova magnifica la loro birra.

La chiave del tempo

Perché Arturo è così silenzioso?
Arturo ha sessantacinque anni, potrebbe andare in pensione. Seduto sulla sua poltrona, sta pensando alla decisione da prendere.

Cosa piaceva fare a Emma nella casa di Bolgheri, quando era piccola?
Emma adorava pigiare l'uva con i piedi insieme alla nonna. Era così contenta che quando rientrava in casa dimenticava di lavarsi i piedi!

Perché il nonno aveva dato la chiave della cantina ad Arturo?
Il nonno sapeva che Arturo amava le tradizioni ed era convinto che un giorno avrebbe desiderato tornare a Bolgheri e fare la vendemmia come quando era piccolo.

Sono contenti Emma e Antonio di tornare a fare la vendemmia?
Sono così entusiasti che la mamma non deve fare nessuno sforzo per convincerli. Forse anche loro desideravano da tempo tornare a Bolgheri per una nuova vendemmia.

Come fa Arturo a capire quando l'uva è matura?
Quando arriva ottobre, ogni mattina Arturo prende un grappolo e lo osserva controluce. Lo stringe tra le mani e lo assaggia. Quando l'uva è di un blu scuro, quasi nero, profumata e morbida, è pronta!

Il Signor Bellaparola

Perché i due genitori sono preoccupati?
Manca poco all'esame scolastico dei loro due figli, Camilla e Giacomo. I maestri hanno detto che se non impareranno a parlare correttamente l'italiano, saranno bocciati!

In cosa sono molto bravi Camilla e Giacomo?
Camilla ha un grande talento per il disegno e Giacomo trova la matematica molto divertente. A dodici anni sa già usare il computer!

Perché i due ragazzi non parlano bene l'italiano?
Perché lo trovano molto difficile. Inoltre i loro genitori hanno sempre parlato soltanto il dialetto.

Qual è il metodo segreto del Signor Bellaparola?
Il Signor Bellaparola sa che imparare è difficile quando manca l'interesse. Per questo motivo chiede ai ragazzi di insegnare a lui ciò in cui sono bravi. In questo modo si divertono e imparano a parlare correttamente.

Che cosa scoprono i due fratelli il giorno dell'esame?
Scoprono che il misterioso professore altri non è che il Signor Bellaparola. Ecco svelato il segreto!

Perché l'esame dei ragazzi è così breve?
Il Signor Bellaparola ha trascorso con loro molto tempo, non ha bisogno di interrogarli per sapere che adesso parlano l'italiano perfettamente!

Nord o sud?

Cosa piace fare ad Alberto e Fiorella?
Alberto e Fiorella amano stare a casa, nel loro giardino, perché non sopportano la confusione. A volte il sabato sera vanno al ristorante o al cinema.

Cosa fa ogni mattina Alberto?
Ogni mattina Alberto va a comprare il giornale. Si alza così presto che quando l'edicola apre lui è già lì ad aspettare.

Perché Alberto non vuole andare nel Sud Italia?
Alberto dice che nel Sud Italia le cose non funzionano e che gli autobus arrivano in ritardo. Lui vuole che tutto funzioni alla perfezione.

Che cosa fanno gli altri automobilisti in attesa che il tubo dell'acqua venga riparato?
Qualcuno gioca a calcio sul prato, altri preparano il barbecue per la cena. La mattina seguente, prima di ripartire, fanno colazione con il caffè o il latte.

Qual è la sorpresa della signora di Lecce?
La signora di Lecce mostra ad Alberto e Fiorella come si fanno le orecchiette, la tradizionale pasta pugliese di farina di grano duro.

Che cosa scrive Fiorella al computer?
Fiorella scrive l'annuncio di vendita della loro casa di campagna al nord, perché hanno deciso di rimanere a vivere a Lecce!

Über den Autor

Francesco Settembrini ist ein italienischer Autor und Übersetzer. Er wurde in den siebziger Jahren geboren, kurz bevor die Welt auf das digitale Zeitalter zusteuerte. Ihn faszinieren die geschriebenen Worte und welche Macht und Leidenschaft sie erzeugen können. Er lebt in Neapel und unterrichtet Jugendlichen und Erwachsenen die italienische Sprache.

Printed in Poland
by Amazon Fulfillment
Poland Sp. z o.o., Wrocław

68477991R00074